# WOK

DIE BESTEN REZEPTE

**02**

**03**

**01**

**04**

# INHALT

# VEGETARISCH

# GEDÄMPFTE WAN-TANS
## MIT SPINATFÜLLUNG

### ZUBEREITUNG

**01.** Den Spinat auftauen lassen, gut ausdrücken und fein hacken. Die Wan-Tan-Blätter mit einem feuchten Tuch bedeckt etwa 30 Minuten zum Auftauen auslegen.

**02.** Die Champignons und die Frühlingszwiebeln putzen bzw. waschen und fein hacken. Die Bambussprossen auf einem Sieb abtropfen lassen und in feine Würfel schneiden.

**03.** Champignons, Frühlingszwiebeln und Bambussprossen mit dem geriebenen Ingwer mischen. Den Knoblauch schälen, fein hacken und dazugeben. Speisestärke und 1 TL Sesamöl unterrühren, die Masse mit 1 Prise Zucker, Salz und Pfeffer würzen.

**04.** In die Mitte jedes Wan-Tan-Blatts 1 TL Füllung setzen. Die Teigblätter über der Füllung zusammennehmen und leicht zusammendrücken – es sollte in der Mitte noch etwas Füllung zu sehen sein.

**05.** Im Wok ¼ bis ½ l Wasser aufkochen. Dämpfkörbchen oder Siebeinsatz mit den gewaschenen Salatblättern auslegen. Die Wan-Tans daraufsetzen und zugedeckt etwa 10 Minuten im Wok dämpfen. Vor dem Servieren mit dem restlichen Sesamöl beträufeln.

———

TIPP — *Wan-Tan-Blätter, kleine Quadrate aus Weizenmehl-Eier-Teig, gibt es tiefgekühlt im Asienladen. Die für das Gericht benötigte Menge vom Stapel abziehen, den Rest kann man wieder einfrieren.*

### ZUTATEN
### FÜR 4 PERSONEN

+ **200 g Blattspinat (tiefgekühlt)**
+ **20 Wan-Tan-Blätter (tiefgekühlt)**
+ **4 Champignons**
+ **2 Frühlingszwiebeln**
+ **50 g Bambussprossen (aus der Dose)**
+ **1 TL frisch geriebener Ingwer**
+ **1 Knoblauchzehe**
+ **1 TL Speisestärke**
+ **2 TL Sesamöl • Zucker**
+ **Salz • Pfeffer aus der Mühle**
+ **einige Salatblätter**

# FRITTIERTE WAN-TANS
## MIT KOKOS-GEMÜSE-FÜLLUNG

### ZUBEREITUNG

**01.** Die Wan-Tan-Blätter mit einem feuchten Tuch bedeckt etwa 30 Minuten zum Auftauen auslegen.

**02.** Inzwischen die Frühlingszwiebeln putzen, waschen und in sehr feine Ringe schneiden. Die Möhre schälen und grob raspeln. Den Mais in ein Sieb geben, kurz abspülen und abtropfen lassen.

**03.** Für die Füllung die Kokospaste fein in eine Schüssel raspeln. Frühlingszwiebeln, Möhren und Mais dazugeben, mit der Sojasauce und Pfeffer abschmecken und alles gut vermischen.

**04.** Jeweils 1 gehäuften TL Füllung in die Mitte der Wan-Tan-Blätter setzen. Die Teigränder mit Wasser bepinseln, anheben und über der Füllung vorsichtig zu Säckchen zusammendrehen.

**05.** Das Öl im Wok stark erhitzen. Die Wan-Tans darin portionsweise goldbraun ausbacken. Mit einer Schaumkelle herausheben und auf Küchenpapier abtropfen lassen.

———

**TIPP —** *Probieren Sie für die Wan-Tans auch eine Füllung aus 300 g gehäuteten, entkernten und gehackten Tomaten, 125 g gehacktem Mozzarella, gewürzt mit Knoblauch, Basilikum, Petersilie, Salz und Pfeffer.*

### ZUTATEN
### FÜR 4 PERSONEN

+ **20 Wan-Tan-Blätter (tiefgekühlt)**
+ **2 Frühlingszwiebeln**
+ **1 Möhre**
+ **150 g Maiskörner (aus der Dose)**
+ **75 g Kokospaste**
+ **5 EL Sojasauce**
+ **Pfeffer aus der Mühle**
+ **Öl zum Frittieren**

# FRÜHLINGSROLLEN
## MIT CHINA-GEMÜSE

### ZUTATEN FÜR 4 PERSONEN

+ 25 g Glasnudeln
+ 10 getrocknete Mu-Err-Pilze
+ 14 Frühlingsrollenblätter (tiefgekühlt)
+ 150 g Chinakohl
+ 1 haselnussgroßes Stück Ingwer
+ 1 Möhre (in feine Streifen geschnitten)
+ 1 Bund Frühlingszwiebeln
  (in feine Ringe geschnitten)
+ 1 Bund Schnittlauch
  (in Röllchen geschnitten)
+ 1—2 TL Sesamöl • Salz
+ 1 EL Speisestärke
+ Öl zum Frittieren

### ZUBEREITUNG

**01.** Glasnudeln und Pilze jeweils in einer Schüssel mit kochendem Wasser übergießen und etwa 15 Minuten einweichen. Frühlingsrollenblätter zum Auftauen auslegen.

**02.** Chinakohl putzen, waschen und in Streifen schneiden. Ingwer schälen und hacken. Nudeln abtropfen lassen und in 2 cm lange Stücke schneiden. Pilze abtropfen lassen und in Streifen schneiden, harte Stiele entfernen. Chinakohl, Möhre, Frühlingszwiebeln und Schnittlauch mit Nudeln, Pilzen und Ingwer mischen, mit Sesamöl und Salz würzen. Die Frühlingsrollenblätter halbieren. Die Speisestärke mit etwa 1 EL Wasser anrühren.

**03.** Je etwas Gemüsefüllung auf die untere Hälfte der Teigstücke geben. Die Ränder über der Füllung einklappen, mit Speisestärke bepinseln und die Teigplatten aufrollen. Die Teigenden gut andrücken.

**04.** Das Öl im Wok stark erhitzen, die Frühlingsrollen darin portionsweise 2 bis 3 Minuten goldbraun ausbacken. Auf Küchenpapier abtropfen lassen und bis zum Servieren im Backofen warm halten.

# DIM SUM

## MIT ZWIEBELN UND SPROSSEN

### ZUTATEN FÜR 4 PERSONEN

+ 2 Frühlingszwiebeln
+ ½ gelbe Paprikaschote
+ 1 rote Chilischote
+ 1 Knoblauchzehe
+ 50 g Sojabohnensprossen
+ 2 EL Sesamöl
+ 80 ml Sojasauce
+ 200 g Weizenstärke
+ Mehl zum Ausrollen
+ 25 g eingelegter Ingwer

### ZUBEREITUNG

**01.** Frühlingszwiebeln und Paprikaschote putzen, waschen und in kleine Würfel schneiden. Chilischote entkernen, waschen und sehr fein hacken. Knoblauch schälen und fein hacken. Die Sojabohnensprossen in einem Sieb heiß abbrausen, abtropfen lassen und grob hacken.

**02.** Den Wok erhitzen und das Öl hineingeben. Frühlingszwiebeln, Paprikawürfel, Chilischote, Knoblauch und Sojabohnensprossen darin 2 Minuten andünsten. Mit etwas Sojasauce abschmecken und abkühlen lassen.

**03.** Die Weizenstärke in eine Schüssel geben, mit kochendem Wasser nach und nach zu einem glatten Teig verkneten.

**04.** Aus dem Teig 12 Kugeln formen und auf der bemehlten Arbeitsfläche jeweils zu einem Kreis von etwa 10 cm Durchmesser ausrollen. Die Füllung in der Mitte der Kreise verteilen. Die Teigkreise auf die Hälfte zusammenfalten, andrücken und die Nahtseite in Falten legen. Im Bambuskorb oder Dämpfeinsatz im Wok etwa 10 Minuten im Dampf garen. Den eingelegten Ingwer und die restliche Sojasauce vermischen und als Dip dazu servieren.

# SPINATPÄCKCHEN
## MIT CURRY-KOKOS-SAUCE

### ZUBEREITUNG

**01.** Die Limettenblätter waschen und in feine Streifen schneiden. Von den Spinatblättern die Stiele entfernen. Spinatblätter waschen und in kochendem Salzwasser kurz blanchieren, abtropfen lassen und auf der Arbeitsfläche ausbreiten.

**02.** Das Gemüse putzen und waschen. Zucchino und Möhren in Stifte, Spargel und Frühlingszwiebeln in 5 bis 6 cm lange Stücke, Fenchel quer in Streifen schneiden. Das Gemüse und die Limettenstreifen auf den Spinatblättern verteilen, salzen und pfeffern. Die Spinatblätter aufrollen und mit Schnittlauchhalmen zusammenbinden.

**03.** Den Knoblauch schälen und fein hacken. Basilikum waschen, die Blättchen von den Stielen zupfen. Die Basilikumstiele mit dem Knoblauch in den Wok geben. ¼ l Wasser und den Zitronensaft hinzufügen und alles aufkochen. Die Gemüsepäckchen in den Dämpfeinsatz legen und zugedeckt im Wok 15 Minuten bissfest dämpfen.

**04.** Nach Ende der Garzeit die Spinatpäckchen warm stellen. Die Basilikumstiele aus dem Sud nehmen. Den Garsud mit Currypaste und Kokosmilch aufkochen und mit Salz abschmecken. Die Basilikumblätter hineingeben und zusammenfallen lassen. Die Sauce mit den Spinatpäckchen servieren.

### ZUTATEN
### FÜR 4 PERSONEN

+ **4 Limettenblätter**
+ **400 g große Spinatblätter**
+ **Salz**
+ **1 Zucchino**
+ **2 Möhren**
+ **4 Stangen grüner oder weißer Spargel**
+ **1 Bund Frühlingszwiebeln**
+ **1 Fenchelknolle**
+ **Pfeffer aus der Mühle**
+ **einige Schnittlauchhalme (ersatzweise Küchengarn)**
+ **2 Knoblauchzehen**
+ **1 Bund Basilikum**
+ **1 EL Zitronensaft**
+ **2 TL rote Currypaste**
+ **2 EL ungesüßte Kokosmilch**

---

**TIPP —** *Das Gemüse für die Füllung können Sie je nach Vorliebe variieren. Probieren Sie die Röllchen auch einmal mit Rettich, Schnittknoblauch oder dem chinesischen Kohlgemüse Pak-Choi.*

# GEMÜSE-TEMPURA
## MIT PAPAYA-DIP

### ZUTATEN FÜR 4 PERSONEN

+ 500 g grüner Spargel
+ 200 g Shiitake-Pilze
+ 1 rote Paprikaschote
+ 1 rote Chilischote
+ 40 g Frühlingszwiebeln
+ 6 Stiele Schnittknoblauch
+ 1 Papaya (ca. 400 g)
+ 3—4 EL helle Sojasauce
+ 3—4 EL Limettensaft
+ Zucker • 150 g Mehl
+ 1 gestr. TL Backpulver
+ 1 Ei
+ 1 EL dunkle Sojasauce
+ Erdnussöl zum Frittieren

### ZUBEREITUNG

**01.** In einem Plastikgefäß 200 ml Wasser 20 Minuten ins Tiefkühlfach stellen. Spargel im unteren Drittel schälen und waschen, die Stangen in etwa 8 cm lange Stücke schneiden. Shiitake-Pilze putzen. Paprikaschote putzen, waschen und in Streifen schneiden.

**02.** Die Chilischote längs halbieren, entkernen, waschen und hacken. Die Frühlingszwiebeln putzen, waschen und in feine Ringe schneiden. Den Schnittknoblauch waschen, trocken schütteln und hacken.

**03.** Für den Dip die Papaya längs halbieren, entkernen und schälen. Das Fruchtfleisch in kleine Würfel schneiden, mit der hellen Sojasauce und dem Limettensaft mischen. Chili, Frühlingszwiebeln, Schnittknoblauch und 1 Prise Zucker untermischen.

**04.** Das Mehl und das Backpulver in einer Schüssel mischen. Das Ei, das Eiswasser und die dunkle Sojasauce verquirlen. Die Mehlmischung darunter rühren, der Teig sollte dünnflüssig sein. Das Öl etwa 2 cm hoch im Wok erhitzen. Das Gemüse durch den Teig ziehen und im Fett 5 Minuten goldbraun braten. Die Gemüse-Tempura auf Küchenpapier abtropfen lassen und mit dem Dip servieren.

# TOFUHÄPPCHEN
## MIT LIMETTENBUTTER

### ZUTATEN FÜR 4 PERSONEN

+ **2 unbehandelte Limetten**
+ **3 EL helle Sojasauce**
+ **1 gestr. TL gemahlener Pfeffer**
+ **1 gestr. TL Zucker**
+ **400 g Tofu**
+ **100 g Butter • 4 EL Öl**

### ZUBEREITUNG

**01.** Die Limetten waschen und trocken reiben. Von 1 Limette die Schale fein abreiben. Beide Limetten halbieren und den Saft auspressen.

**02.** Aus Sojasauce, Pfeffer, Zucker und drei Viertel des Limettensaftes eine Marinade zubereiten und so lange rühren, bis sich der Zucker vollständig aufgelöst hat.

**03.** Den Tofu in 1 cm dicke Scheiben schneiden und von beiden Seiten mit der Marinade einpinseln. Die Tofuscheiben 15 Minuten ziehen lassen.

**04.** Die Butter schaumig rühren. Die abgeriebene Limettenschale und den restlichen Limettensaft löffelweise unterrühren.

**05.** Den Wok stark erhitzen und das Öl hineingeben. Die Tofuscheiben darin von beiden Seiten goldbraun braten.

**06.** Die Limettenbutter auf den gebratenen Tofuscheiben schmelzen lassen. Tofuhäppchen aus dem Wok nehmen und sofort auf einer vorgewärmten Platte anrichten. Nach Belieben mit etwas grob gemahlenem Pfeffer bestreuen.

# GEBRATENER TOFU
## MIT ZUCKERSCHOTEN UND PILZEN

### ZUBEREITUNG

**01.** Die Mu-Err Pilze mit der Sojasauce und 1 Prise Zucker in eine Schüssel geben und mit so viel kochendem Wasser übergießen, dass sie gut bedeckt sind. Die Pilze etwa 20 Minuten quellen lassen.

**02.** In der Zwischenzeit die Zuckerschoten putzen und waschen. Die Chilischoten längs halbieren, entkernen und waschen. Die Chilis in feine Würfel schneiden, den Tofu in mundgerechte Würfel schneiden. Die Mu-Err-Pilze in ein Sieb abgießen, abtropfen lassen und je nach Größe ganz lassen oder halbieren.

**03.** Den Wok erhitzen und das Öl hineingeben. Die Zuckerschoten zusammen mit den Pilzen und den Chilis darin unter Rühren etwa 2 Minuten anbraten und an den Rand schieben.

**04.** Die Tofuwürfel hineingeben und rundum knusprig braten. Die Tofuwürfel mit dem 5-Gewürze-Pulver, etwas Sojasauce und dem Limettensaft würzen. Mit dem Gemüse mischen und mit dem Sesam bestreut servieren.

### ZUTATEN
### FÜR 4 PERSONEN

+ 30 g getrocknete Mu-Err-Pilze
+ 2 EL Sojasauce
+ Zucker
+ 300 g Zuckerschoten
+ 1–2 rote Chilischoten
+ 500 g Tofu
+ 4 EL Sesamöl
+ 1 TL 5-Gewürze-Pulver
+ 2–3 EL Limettensaft
+ 3 EL helle Sesamsamen
+ 1 EL schwarze Sesamsamen

───────

**TIPP —** *Bereiten Sie dieses Gericht nach Belieben auch einmal mit Räuchertofu zu, der zusätzlich eine feinwürzige Note hineinbringt. Ungeeignet ist Seidentofu, da er zum Schneiden zu weich ist.*

# RÜHREI
## MIT ASIA-PILZEN

### ZUBEREITUNG

**01.**  Die getrockneten Pilze in eine Schüssel geben und mit so viel heißem Wasser übergießen, dass sie gut bedeckt sind. Die Pilze 15 Minuten quellen lassen.

**02.**  Die Chilischote längs halbieren, entkernen, waschen und in feine Streifen schneiden. Den Ingwer schälen und sehr fein hacken. Die Frühlingszwiebeln putzen, waschen und in feine Streifen schneiden. Den Koriander waschen, trocken tupfen und die Blätter abzupfen.

**03.**  Die Pilze abtropfen lassen und in Stücke schneiden. Die Eier verquirlen, Sojasauce, Pfeffer und Erdnussöl unterrühren.

**04.**  Den Wok erhitzen und das Öl hineingeben. Die Pilze darin kurz anbraten. Die restlichen Zutaten – bis auf die Eier – dazugeben und mit den Pilzen vermischen. Die Eiermasse hineingießen und so lange garen, bis sie zu stocken beginnt. Die gestockte Masse jeweils an den Rand schieben.

**05.**  Das Rührei auf vorgewärmten Tellern oder in Schälchen anrichten und mit dem Koriandergrün bestreut servieren.

### ZUTATEN FÜR 4 PERSONEN

+ **3 getrocknete Morcheln**
+ **3 getrocknete Shiitake-Pilze**
+ **1 kleine rote Chilischote**
+ **1 haselnussgroßes Stück Ingwer**
+ **2 Frühlingszwiebeln**
+ **2 Stiele Koriander**
+ **4 Eier**
+ **2 TL Sojasauce**
+ **Pfeffer aus der Mühle**
+ **1 TL Erdnussöl**
+ **1 TL Öl**

———

**TIPP —** *Natürlich kann man das Rührei auch mit frischen Pilzen zubereiten. Waschen Sie diese dann nur, wenn sie besonders schmutzig sind. Ansonsten reicht es, sie mit Küchenpapier trocken abzureiben.*

# TOFUWÜRFEL
## AUF GEMÜSE

**ZUTATEN FÜR 4 PERSONEN**

+ 1 Bund junge Möhren
+ 1 dicke Stange Lauch
+ 2 Kohlrabi
+ 1 kleiner Brokkoli
+ 100 g Zuckerschoten • Salz
+ 2 Fleischtomaten
+ 6 EL Öl
+ Pfeffer aus der Mühle
+ ca. 100 ml Gemüsebrühe
+ 400 g Tofu
+ 2 Knoblauchzehen
+ ½ Bund glatte Petersilie

## ZUBEREITUNG

**01.** Das Gemüse putzen und waschen, falls nötig schälen. Möhren und Lauch in Scheiben, Kohlrabi in Stifte schneiden. Den Brokkoli in kleine Röschen teilen. Brokkoliröschen und Zuckerschoten getrennt voneinander in kochendem Salzwasser blanchieren, kalt abschrecken und abtropfen lassen. Die Tomaten überbrühen, häuten, halbieren und entkernen. Das Fruchtfleisch in Würfel schneiden.

**02.** Den Wok erhitzen und 4 EL Öl hineingeben. Möhren, Lauch, Kohlrabi und Brokkoli darin unter Rühren bissfest garen. Salzen, pfeffern und mit der Brühe begießen.

**03.** Den Tofu in Würfel schneiden, den Knoblauch schälen und hacken. Das restliche Öl mit dem Knoblauch erhitzen und die Tofuwürfel darin goldbraun braten. Die Petersilie waschen, trocken schütteln und fein hacken. Mit den Tomaten und den Zuckerschoten unter das Gemüse mischen, mit den Tofuwürfeln bestreuen.

# WEISSKOHLPFANNE
## MIT ANANAS UND PAPRIKA

### ZUTATEN FÜR 4 PERSONEN

+ 500 g Weißkohl • 200 g Ananas
+ 1 rote Paprikaschote
+ 1 Stängel Zitronengras
+ 1 grüne Chilischote
+ 200 g Mungobohnensprossen
+ 2 EL helle Sojasauce
+ 4 EL Sherry • 1 TL Chilisauce
+ Salz • ½ TL Szechuan-Pfeffer
+ 1 TL Speisestärke
+ 2 EL Kokosraspel
+ 1 EL weiße Sesamsamen
+ ½ TL abgeriebene unbehandelte Zitronenschale
+ 4 EL Öl

### ZUBEREITUNG

**01.** Den Kohl und die Paprikaschote putzen, waschen und in feine Streifen schneiden. Die Ananas schälen, den Strunk entfernen und das Fruchtfleisch in Stücke schneiden. Zitronengras putzen, waschen und hacken. Die Chilischote längs halbieren, entkernen, waschen und in feine Streifen schneiden. Die Mungobohnensprossen in einem Sieb abbrausen und abtropfen lassen.

**02.** Sojasauce, Sherry, Chilisauce, Salz, Pfeffer und Speisestärke zu einer Sauce verquirlen.

**03.** Die Kokosraspel und die Sesamsamen im Wok ohne Fett goldgelb rösten. Herausnehmen und mit der Zitronenschale mischen.

**04.** Den Wok erhitzen und das Öl hineingeben. Die Kohl- und Paprikastreifen darin unter Rühren bissfest braten. Ananas, Zitronengras, Chilischote und Sprossen dazugeben und die Saucenmischung unterrühren. Etwa 2 Minuten garen lassen und mit der Sesamsamen-Kokosraspel-Mischung bestreuen.

# SÜSS-SAURES GEMÜSE
## MIT ANANAS UND INGWER

## ZUBEREITUNG

**01.** Den Chinakohl waschen und trocken schütteln, die Blätter der Länge nach halbieren und in 2 cm breite Streifen schneiden. Die Möhren schälen und in dünne Scheiben schneiden. Die Pilze mit Küchenpapier abreiben und halbieren, große Pilze vierteln. Die Zuckerschoten waschen und halbieren.

**02.** Ingwer schälen und in sehr feine Scheiben schneiden. Knoblauch schälen und fein hacken. Chilischoten längs halbieren, entkernen, waschen und in sehr feine Streifen schneiden.

**03.** Die Bambussprossen auf einem Sieb abtropfen lassen. Die Ananas schälen, den Strunk entfernen und das Fruchtfleisch in Stücke schneiden.

**04.** Den Wok erhitzen und das Öl hineingeben. Möhren und Pilze darin anbraten, Chinakohl und Zuckerschoten dazugeben und kurz mitbraten. Ingwer, Knoblauch und Chili hinzufügen und kurz mitbraten. Bambussprossen, Ananas, Essig, Sojasauce, Sherry und Zucker dazugeben. Mit drei Viertel der Brühe aufgießen und vermischen.

**05.** Die Speisestärke mit der restlichen kalten Brühe anrühren und unter das Gemüse mischen. Alles noch 2 Minuten köcheln lassen und sofort servieren.

## ZUTATEN
## FÜR 4 PERSONEN

+ **100 g Chinakohl**
+ **125 g Möhren**
+ **125 g Shiitake-Pilze**
+ **125 g Zuckerschoten**
+ **50 g Ingwer**
+ **2 Knoblauchzehen**
+ **2 rote Chilischoten**
+ **100 g Bambussprossen (aus der Dose)**
+ **150 g Ananas**
+ **4 EL Öl**
+ **4 EL Reisessig**
+ **4 EL Sojasauce**
+ **4 EL Sherry • 2 EL Zucker**
+ **200 ml Hühnerbrühe**
+ **1 gestr. TL Speisestärke**

─────

**TIPP —** *Den Reisessig können Sie durch Apfelessig ersetzen. Da dieser mehr Säure enthält, sollten Sie nur 2 EL Essig verwenden. Original asiatisch wird das Gericht, wenn Sie Reiswein statt Sherry verwenden.*

# WOK-GEMÜSE
## MIT ZUCKERSCHOTEN

### ZUBEREITUNG

**01.** Die Mu-Err-Pilze in einer kleinen Schüssel mit heißem Wasser übergießen und etwa 15 Minuten darin einweichen. In einer weiteren Schüssel die Sojasauce, den Reiswein und die Brühe vermischen.

**02.** Das Gemüse putzen und waschen. Den Chinakohl, die Paprika und den Zucchino in Streifen schneiden. Die Champignons putzen, mit Küchenpapier abreiben und in Scheiben schneiden. Die Zuckerschoten und die Sprossen in einem Sieb heiß abbrausen und abtropfen lassen. Die Maiskolben auf einem Sieb abtropfen lassen und der Länge nach halbieren.

**03.** Die eingeweichten Pilze in ein Sieb abgießen, kurz abspülen und klein schneiden. Knoblauch und Ingwer schälen, beides fein hacken.

**04.** Den Wok erhitzen und das Erdnussöl hineingeben. Das Sesamöl hinzufügen und ebenfalls erhitzen. Knoblauch und Ingwer im Öl kurz anbraten. Paprika- und Zucchinistreifen, Maiskolben und eingeweichte Pilze dazugeben und unter ständigem Rühren etwa 3 Minuten anbraten.

**05.** Dann die frischen Pilze, die Zuckerschoten, den Chinakohl und die Sprossen hinzufügen und alles noch 2 Minuten pfannenrühren. Mit der Sojasauce-Reiswein-Mischung ablöschen, aufkochen und weiterbraten, bis das Gemüse knackig ist. Zum Schluss mit Salz und Pfeffer abschmecken. Dazu passt am besten feiner Basmatireis.

### ZUTATEN
### FÜR 4 PERSONEN

+ 2 EL getrocknete Mu-Err-Pilze
+ 2 EL helle Sojasauce
+ 2 EL Reiswein
+ 50 ml Gemüsebrühe
+ ½ Kopf Chinakohl
+ 1 rote Paprikaschote
+ 1 kleiner Zucchino
+ 100 g Champignons
+ 100 g Zuckerschoten
+ 100 g Sojabohnensprossen
+ 200 g Mini-Maiskolben (aus der Dose)
+ 1 Knoblauchzehe
+ 1 haselnussgroßes Stück Ingwer
+ 3 EL Erdnussöl
+ 1 EL Sesamöl
+ Salz • Pfeffer aus der Mühle

# WOK-GEMÜSE
## MIT BLUMENKOHL

### ZUTATEN FÜR 4 PERSONEN

+ **je 1 rote und grüne Paprikaschote**
+ **500 g Möhren • 1 kleiner Blumenkohl**
+ **3 dünne Stangen Lauch**
+ **6 Mini-Maiskolben (aus der Dose)**
+ **1 rote Chilischote**
+ **1 walnussgroßes Stück Ingwer**
+ **je 2 EL Sojasauce und Reisessig**
+ **4 EL passierte Tomaten**
  **(aus der Dose)**
+ **2 EL brauner Zucker**
+ **je ¼ TL Kreuzkümmel- und**
  **Korianderpulver**
+ **½ EL Speisestärke**
+ **125 ml Gemüsebrühe • 3 EL Öl**

### ZUBEREITUNG

**01.** Die Paprikaschoten putzen, waschen und in Streifen schneiden. Die Möhren schälen und in Streifen schneiden. Den Blumenkohl putzen, waschen und in Röschen teilen, den Stiel in Scheiben schneiden. Lauch putzen, waschen und in Streifen schneiden. Die Maiskolben auf einem Sieb abtropfen lassen.

**02.** Die Chilischote längs halbieren, entkernen, waschen und fein hacken. Den Ingwer schälen und ebenfalls fein hacken.

**03.** Sojasauce, Essig, Tomaten und Zucker gründlich verrühren. Chili, Ingwer, Kreuzküm-mel und Koriander untermischen. Die Stärke mit der der Brühe glatt rühren und dazugeben.

**04.** Den Wok erhitzen und das Öl hinein-geben. Möhren und Blumenkohl darin unter Rühren etwa 3 Minuten braten. Lauch, Paprika und Maiskolben 2 Minuten mitbraten. Die Sauce dazugießen und alles etwa 5 Minuten leicht köcheln lassen, bis das Gemüse biss-fest ist. Dazu passt Basmatireis.

# GEMÜSEPFANNE
## MIT MINI-MAISKOLBEN

### ZUTATEN FÜR 4 PERSONEN

+ 120 g Basmatireis • Salz • 1 TL Öl
+ 3 Paprikaschoten (rot, gelb, grün)
+ 6 Mini-Maiskolben (aus der Dose)
+ 120 g grüne Bohnen • 1 Zwiebel
+ 4 kleine Thai-Auberginen
+ 50 g Kichererbsen (aus der Dose)
+ 100 g Sojabohnensprossen
+ 2 Frühlingszwiebeln
+ 2 rote Chilischoten
+ 2 Knoblauchzehen
+ 1 haselnussgroßes Stück Ingwer
+ 1 TL Kurkumapulver • 8 EL Erdnussöl
+ 125 ml Gemüsebrühe • 5 EL helle Sojasauce
+ Pfeffer aus der Mühle

### ZUBEREITUNG

**01.** Den Basmatireis in einem Sieb waschen, mit etwa 150 ml Wasser, 1 Prise Salz und 1 TL Öl in einem Topf zum Kochen bringen. Den Reis bei schwacher Hitze etwa 15 Minuten quellen lassen.

**02.** Die Paprikaschoten putzen, waschen und in Streifen schneiden. Die Maiskolben abtropfen lassen und längs halbieren. Die Bohnen putzen, waschen und in Stücke schneiden. Die Zwiebel schälen und der Länge nach achteln. Die Auberginen putzen, waschen und vierteln. Die Kichererbsen und die Sprossen abbrausen und abtropfen lassen.

**03.** Die Frühlingszwiebeln putzen, waschen und in Ringe schneiden. Für die Gewürzmischung die Chilischoten längs halbieren, entkernen und waschen. Knoblauch und Ingwer schälen und ebenso wie die Chilischoten fein hacken. Mit dem Kurkumapulver vermischen.

**04.** Den Wok erhitzen, 4 EL Erdnussöl hineingeben. Das Gemüse darin bissfest braten und herausnehmen. Das restliche Öl erhitzen, den Reis dazugeben, 5 Minuten pfannenrühren. Die Gewürzmischung dazugeben und kurz mitbraten. Gemüse und Brühe hinzufügen. Mit Sojasauce, Salz und Pfeffer würzen und gut mischen.

# BROKKOLI
## MIT SHIITAKE-PILZEN

### ZUBEREITUNG

**01.** Die Pilze mit heißem Wasser übergießen und etwa 20 Minuten darin einweichen. Die eingeweichten Pilze in ein Sieb abgießen und kurz abspülen. Die Stiele herausschneiden und die Pilzhüte je nach Größe ganz lassen, halbieren oder vierteln.

**02.** Sojasauce, ½ TL Salz, Sherry, Stärke, Zucker und Brühe in einer kleinen Schüssel verquirlen und dann im Wok aufkochen. Die Pilze darin bei kleiner Hitze 10 Minuten köcheln, bis die Sauce dicklich wird. Falls die Sauce zu stark einkocht, mit etwas Wasser oder Brühe verdünnen.

**03.** Inzwischen den Brokkoli putzen, waschen und in Röschen teilen. Die Stiele schälen und schräg in 1 cm breite Scheiben schneiden. Ausreichend Salzwasser zum Kochen bringen und die Stiele darin 2 Minuten, die Röschen nur 1 Minute blanchieren. Brokkoli kalt abschrecken und auf einem Sieb gut abtropfen lassen.

**04.** Die Pilze mit der Sauce auf einen tiefen Teller geben und warm stellen.

**05.** Den Wok erhitzen, beide Ölsorten hineingeben. Den Ingwer schälen, hacken und im heißen Öl anbraten. Den Brokkoli hinzufügen und unter Rühren 2 Minuten braten. Die Pilze und die Sauce untermischen und alles sehr heiß servieren.

### ZUTATEN FÜR 4 PERSONEN

+ **12 getrocknete Shiitake-Pilze**
+ **3 EL Sojasauce**
+ **Salz**
+ **1 EL trockener Sherry**
+ **1 TL Speisestärke**
+ **1 TL Zucker**
+ **ca. ½ l Gemüsebrühe**
+ **250 g Brokkoli**
+ **1 EL Sesamöl**
+ **2 EL Öl**
+ **1 haselnussgroßes Stück Ingwer**

# GEMÜSETOPF
## MIT KOKOS UND BAMBUS

### ZUBEREITUNG

**01.** Den Basmatireis in einem Sieb mit kaltem Wasser spülen, bis das Wasser klar abläuft. Den Reis in einen Topf geben und bis etwa 2 cm über den Reis mit kaltem Wasser auffüllen. 1 Prise Salz und 1 TL Öl hinzufügen, umrühren und zum Kochen bringen. Den Reis bei schwacher Hitze etwa 15 Minuten quellen lassen.

**02.** Den Tofu abwaschen, trocken tupfen und in grobe Stücke schneiden. Knoblauch, Zwiebel und Ingwer schälen und fein hacken. Das Zitronengras putzen und in Stücke schneiden.

**03.** Die Thai-Auberginen putzen und waschen (die große Aubergine in kleine Stücke schneiden). Enoki-Pilze und Champignons mit Küchenpapier abreiben, Champignons halbieren. Den Zucchino putzen, waschen, der Länge nach halbieren und in Scheiben schneiden. Die Chilischote längs halbieren, entkernen, waschen und in Ringe schneiden. Die Bambussprossen auf einem Sieb abtropfen lassen.

**04.** Den Wok erhitzen, das restliche Öl hineingeben und den Tofu darin anbraten. Knoblauch, Zwiebel, Ingwer, Zitronengras, Chili und Limettenblätter dazugeben und kurz mitbraten. Auberginen, Pilze, Zucchinischeiben und Bambussprossen ebenfalls dazugeben und kurz andünsten. Mit Kokosmilch und der Brühe auffüllen und etwa 6 Minuten köcheln lassen.

**05.** Den Gemüsetopf mit Limettensaft und Sojasauce kräftig abschmecken. Das Zitronengras und die Limettenblätter entfernen. In Schälchen füllen und mit dem Basmatireis servieren.

### ZUTATEN
### FÜR 4 PERSONEN

+ 100 g Basmatireis • Salz
+ 3 TL Öl • 150 g Tofu
+ 1 Knoblauchzehe
+ 1 Zwiebel
+ 1 walnussgroßes Stück Ingwer
+ 1 Stängel Zitronengras
+ 5—6 kleine Thai-Auberginen (ersatzweise 1 große Aubergine)
+ je 50 g Enoki-Pilze und Champignons • 1 Zucchino
+ 1 rote Chilischote
+ 50 g Bambussprossen (aus der Dose)
+ 3 Limettenblätter
+ 50 ml ungesüßte Kokosmilch
+ 300 ml Gemüsebrühe
+ Saft von 1 Limette
+ 2 TL Sojasauce

# MANDARIN-PFANNKUCHEN
## MIT WOK-GEMÜSE

### ZUTATEN FÜR 4 PERSONEN

+ 300 g Weizenmehl • ca. 6 TL Öl
+ 1 haselnussgroßes Stück Ingwer
+ 2 Knoblauchzehen
+ 250 g Möhren
+ 200 g Frühlingszwiebeln
+ 200 g Staudensellerie
+ 120 g Mini-Maiskolben (aus der Dose)
+ 30 g Alfalfa-Sprossen
+ 2 EL Sesamöl • 1 EL Öl
+ 2 EL Hoisinsauce
+ 6 EL helle Sojasauce
+ 175 ml Gemüsebrühe
+ 1 EL scharfe Bohnenpaste

### ZUBEREITUNG

**01.**  Für die Pfannkuchen aus Mehl, 200 ml Wasser und 2 TL Öl einen glatten Teig kneten und zu einer Kugel formen. Abgedeckt etwa 1 Stunde ruhen lassen.

**02.**  Den Ingwer und den Knoblauch schälen und hacken. Die Möhren schälen, die Frühlingszwiebeln putzen und waschen. In 5 cm lange Streifen schneiden. Sellerie putzen und waschen. Die Stangen in Scheiben, das Grün in Streifen schneiden. Die Maiskolben und die Sprossen in einem Sieb abbrausen, abtropfen lassen. Die Maiskolben längs halbieren.

**03.**  Den Teig kneten, in 16 Stücke teilen und zu Fladen flach drücken. Jeden Fladen auf einer Seite mit Öl bepinseln. Je 2 Fladen mit der Ölseite zusammensetzen und rund ausrollen. Eine Pfanne ohne Fett erwärmen, die Fladen nacheinander backen. Wenn sie Blasen werfen, wenden, 2 Minuten weiterbacken. Abkühlen lassen. Am Rand auseinander ziehen, locker zusammenklappen.

**04.**  Gesamtes Öl im Wok erhitzen. Gemüse, Knoblauch und Ingwer – ohne Sprossen – 3 Minuten braten. Hoisin- und Sojasauce, Brühe und Bohnenpaste mitdünsten. Fladen mit Selleriegrün, Gemüse und Sprossen aufrollen.

# CHILI-BLUMENKOHL
## MIT LAUCH UND TOMATEN

**ZUTATEN FÜR 4 PERSONEN**

+ 1 weiße Zwiebel
+ 4 rote Chilischoten
+ 4 Knoblauchzehen
+ 1 walnussgroßes Stück Ingwer
+ 250 g Lauch
+ 1 Blumenkohl (ca. 800 g)
+ Salz
+ 240 g Tomaten
+ 4 EL Kokosöl
+ 2 Msp. Kurkumapulver
+ 3 EL helle Sojasauce
+ 3 EL süße Sojasauce (Ketjap Manis)

## ZUBEREITUNG

**01.** Die Zwiebel schälen und in Würfel schneiden. Die Chilischoten längs halbieren, entkernen, waschen und in feine Streifen schneiden. Knoblauch und Ingwer schälen und fein hacken.

**02.** Lauch und Blumenkohl putzen und waschen. Den Lauch in etwa 5 cm lange, dünne Streifen schneiden. Den Blumenkohl in Röschen teilen, größere Röschen längs halbieren. Die Blumenkohlröschen in kochendem Salzwasser etwa 4 Minuten bissfest garen, in ein Sieb abgießen, kalt abschrecken und abtropfen lassen.

**03.** Die Tomaten überbrühen, häuten, halbieren und entkernen, das Fruchtfleisch in Würfel schneiden.

**04.** Den Wok erhitzen und das Kokosöl hineingeben. Zwiebel, Chili, Knoblauch und Ingwer darin bei mittlerer Hitze anbraten. Kurkuma hinzufügen und kurz mitdünsten. Blumenkohlröschen und Lauchstreifen dazugeben und 2 Minuten dünsten.

**05.** Beide Sojasaucen mit 200 ml Wasser mischen, in die Gemüsepfanne gießen und 2 Minuten köcheln lassen. Die Tomatenwürfel hinzufügen und alles nochmals kurz erhitzen.

# WIRSINGGEMÜSE
## MIT KOKOSSTREIFEN

## ZUBEREITUNG

**01.** Den Wirsing putzen, die Blätter waschen und in etwa 2 cm breite Streifen schneiden. Die Zwiebeln und den Knoblauch schälen und fein hacken. Die Chilischote längs halbieren, entkernen, waschen und in feine Streifen schneiden.

**02.** Den Wok erhitzen und das Öl hineingeben. Die Wirsingstreifen darin unter ständigem Rühren 5 Minuten anbraten. Zwiebeln, Knoblauch und Chilistreifen dazugeben und etwa 2 Minuten unter Rühren mitbraten.

**03.** Die Kokosmilch dazugießen. Die Zitronenschale hinzufügen, das Gemüse mit Salz abschmecken. Das Wirsinggemüse bei mittlerer Hitze bissfest garen, dabei ab und zu umrühren.

**04.** Das Gemüse nochmals mit Salz und Pfeffer würzig abschmecken. Das Kokosnussfleisch mit einem Sparschäler in dünne Streifen schneiden. Das Wirsinggemüse mit den Kokosstreifen garniert servieren.

─────

**TIPP —** *Um eine Kokosnuss zu öffnen, zuerst zwei der drei „Augen" mit Hammer und Nagel öffnen. Das Kokoswasser herauslaufen lassen. Die Nuss mit einer Säge ansägen und mit einem Hammer aufklopfen.*

## ZUTATEN
## FÜR 4 PERSONEN

+ **800 g Wirsing**
+ **2 Zwiebeln**
+ **1 Knoblauchzehe**
+ **1 rote Chilischote**
+ **3 EL Öl**
+ **400 ml ungesüßte Kokosmilch**
+ **½ TL abgeriebene unbehandelte Zitronenschale**
+ **Salz • Pfeffer aus der Mühle**
+ **50 g frisches Kokosnussfleisch (oder fertige Kokosraspel)**

# SCHARFES RÜHREI
## MIT PILZEN UND TOMATEN

### ZUBEREITUNG

**01.** Die getrockneten Shiitake-Pilze in einer kleinen Schüssel mit warmem Wasser übergießen und etwa 30 Minuten einweichen.

**02.** Die Chilischoten längs halbieren, entkernen, waschen und in feine Streifen schneiden. Die Tomaten kreuzweise einritzen, überbrühen, häuten, vierteln, entkernen und das Fruchtfleisch in Würfel schneiden. Die Frühlingszwiebeln putzen, waschen und schräg in Stücke schneiden. Die Möhren putzen, schälen und in Stifte schneiden. Den Knoblauch schälen und in feine Scheiben schneiden.

**03.** Die Pilze in ein Sieb abgießen, abtropfen lassen und ausdrücken. Die harten Pilzstiele entfernen und die Pilzhüte in Streifen schneiden.

**04.** Das Öl im heißen Wok oder in einer großen Pfanne erhitzen. Chili, Frühlingszwiebeln, Möhren, Knoblauch und Pilze darin kurz anbraten. Die Brühe und die Tomatenwürfel dazugeben und bei mittlerer Hitze 5 Minuten einkochen lassen. Mit Salz, Pfeffer, Kreuzkümmel und Koriander würzen.

**05.** Die Eier mit Salz und Pfeffer verquirlen, über das Gemüse gießen und nur wenige Sekunden stocken lassen, dabei einmal umrühren – die Eier sollten relativ flüssig bleiben. Das Rührei in Schälchen anrichten und mit Petersilie bestreut servieren.

### ZUTATEN FÜR 4 PERSONEN

+ **6 getrocknete Shiitake-Pilze**
+ **2 rote Chilischoten**
+ **600 g Tomaten**
+ **4 Frühlingszwiebeln**
+ **3 Möhren**
+ **2 Knoblauchzehen**
+ **2 EL Öl**
+ **¼ l Gemüsebrühe**
+ **Salz • Pfeffer aus der Mühle**
+ **½ TL grob zerstoßener Kreuzkümmel**
+ **½ TL grob zerstoßene Korianderkörner**
+ **6 sehr frische Eier**
+ **3 EL gehackte Petersilie**

---

**TIPP —** *Zum Zerstoßen von ganzen Gewürzen ist ein Mörser optimal. Alternativ die Gewürze in eine Gewürzmühle füllen oder in einen Gefrierbeutel geben und mit einem Nudelholz darüberrollen.*

# NUDELN & REIS

# REISNUDELN
## MIT LAUCH UND ERDNÜSSEN

### ZUBEREITUNG

**01.** Die Reisnudeln in einer Schüssel mit kochendem Wasser übergießen und etwa 15 Minuten quellen lassen, bis sie weich sind, aber noch Biss haben. Die Nudeln in ein Sieb abgießen und abtropfen lassen.

**02.** Die Möhren und den Lauch schälen bzw. putzen und waschen und jeweils in feine, lange Streifen schneiden. Knoblauch und Ingwer schälen, beides fein hacken.

**03.** Den Wok erhitzen und das Öl hineingeben. Ingwer und Knoblauch darin anbraten. Die Möhren- und Lauchstreifen dazugeben und unter Rühren ebenfalls anbraten.

**04.** Die abgetropften Nudeln zusammen mit den Erdnüssen in den Wok geben und nochmals alles unter Rühren etwa 2 Minuten braten. Zum Schluss mit Salz und Pfeffer abschmecken.

---

**TIPP —** *Gemüsenudeln sehen dekorativ aus und sind ganz leicht herzustellen: Möhren mit dem Sparschäler oder einem Messer in dünnen Streifen abziehen. Lauch mit dem Messer in feine Streifen teilen.*

### ZUTATEN FÜR 4 PERSONEN

+ **125 g breite Reisnudeln**
+ **200 g Möhren**
+ **300 g Lauch**
+ **1 Knoblauchzehe**
+ **1 haselnussgroßes Stück Ingwer**
+ **3 EL Öl**
+ **2 EL geröstete, gesalzene Erdnüsse**
+ **Salz • Pfeffer aus der Mühle**

# NUDELN
## MIT VIER PILZSORTEN

### ZUBEREITUNG

**01.** Die Mu-Err-Pilze etwa 15 Minuten in heißem Wasser einweichen. Die Pilze dann waschen, die harten Stiele entfernen und den Rest in Streifen schneiden. Die frischen Pilze putzen und mit Küchenpapier abreiben. Von den Shiitake-Pilzen die harten Stiele entfernen, alle Pilze in dünne Streifen schneiden. Die Sojabohnensprossen in einem Sieb heiß abbrausen und abtropfen lassen.

**02.** Die Möhre schälen und in streichholzdicke Streifen schneiden. Die Frühlingszwiebel putzen, waschen und in feine Ringe schneiden. Knoblauch und Ingwer schälen, beides fein hacken. Den Chinakohl putzen, waschen und in feine Streifen schneiden. In einer Tasse oder kleinen Schüssel die Speisestärke mit dem Reiswein glatt rühren.

**03.** Die Bandnudeln nach Packungsanweisung in reichlich kochendem Salzwasser bissfest garen. In der Zwischenzeit den Wok erhitzen und das Öl hineingeben. Frühlingszwiebel, Knoblauch und Ingwer darin unter Rühren leicht anbraten. Pilze und Möhrenstreifen dazugeben und alles 2 Minuten braten.

**04.** Die Sojabohnensprossen und den Chinakohl unterrühren und 1 Minute mitbraten. Reiswein mit Speisestärke, Brühe und Sojasauce dazugießen und aufkochen, mit Salz und Pfeffer abschmecken.

**05.** Die Nudeln in ein Sieb abgießen, abtropfen lassen und mit der Pilzsauce vermischen. Nach Belieben mit gehackter Petersilie garniert servieren.

### ZUTATEN
### FÜR 4 PERSONEN

+ 10 getrocknete Mu-Err-Pilze
+ 200 g Champignons
+ 200 g Austernpilze
+ 50 g Shiitake-Pilze
+ 100 g Sojabohnensprossen
+ 1 Möhre
+ 1 Frühlingszwiebel
+ 2 Knoblauchzehen
+ 1 haselnussgroßes Stück Ingwer
+ 150 g Chinakohl
+ 1 EL Speisestärke
+ 4 EL Reiswein
+ 400 g schmale Bandnudeln
+ Salz
+ 3 EL Öl
+ 150 ml Gemüsebrühe
+ 3 EL Sojasauce
+ Pfeffer aus der Mühle

# EIERNUDELN
## MIT SPARGEL UND TAMARINDE

### ZUBEREITUNG

**01.** Die Eiernudeln nach Packungsanweisung in reichlich kochendem Salzwasser bissfest garen. In ein Sieb abgießen, kalt abschrecken und abtropfen lassen.

**02.** Den Tofu waschen, trocken tupfen und in Würfel schneiden. Den Spargel im unteren Drittel schälen, waschen und in Stücke schneiden. Den Pak-Choi putzen, waschen und klein schneiden. Schalotte und Knoblauch schälen, beides fein hacken. Die Kartoffeln schälen und in Würfel schneiden. Das Zitronengras putzen und in Stücke schneiden. Die Tamarindenpaste mit 3 EL warmem Wasser anrühren.

**03.** Den Wok erhitzen und das Öl hineingeben. Knoblauch, Schalotte und Kartoffelwürfel darin etwa 5 Minuten anbraten. 50 ml Wasser, Limettenblätter, angerührte Tamarindenpaste und Zitronengras dazugeben. Alles zugedeckt weitere 10 Minuten garen.

**04.** Den Deckel abnehmen, Spargel und Pak-Choi dazugeben und etwa 5 Minuten dünsten. Die Tofuwürfel etwa 2 Minuten mitbraten. Die Nudeln unterrühren, mit Sambal Ketjap und Sojasauce abschmecken.

---

*TIPP — Ähnlich wie das beliebte Sambal Oelek ist Sambal Ketjap eine chinesische Würzsauce aus Chilischoten. Den charakteristischen Geschmack bekommt die Sauce durch fermentierte Sojabohnen.*

### ZUTATEN
### FÜR 4 PERSONEN

+ 100 g chinesische Eiernudeln
+ Salz
+ 100 g Tofu
+ 200 g grüner Spargel
+ 1 kleiner Kopf Pak-Choi
+ 1 Schalotte
+ 1 Knoblauchzehe
+ 2 Kartoffeln
+ 1 Stängel Zitronengras
+ 1 EL Tamarindenpaste
+ 1 EL Öl
+ 2 Limettenblätter
+ 2 TL Sambal Ketjap
+ 1 EL Sojasauce

# EIERNUDELN
## MIT RINDFLEISCH

### ZUBEREITUNG

**01.** Die Eiernudeln nach Packungsanweisung in reichlich kochendem Salzwasser bissfest garen. In ein Sieb abgießen, kalt abschrecken und abtropfen lassen.

**02.** Das Fleisch in dünne, mundgerechte Stücke schneiden. Die Chilischote längs halbieren, entkernen, waschen und fein hacken. Den Knoblauch schälen und in Scheiben schneiden. Den Mangold putzen und waschen. Den weißen Stiel heraustrennen und diesen dann in etwa 2 cm breite Stücke schneiden, das Grün in Streifen schneiden.

**03.** Den Wok erhitzen und das Öl hineingeben. Senfkörner, Knoblauch und Chili darin andünsten. Die weißen Mangoldstücke und das Fleisch dazugeben und bei schwacher Hitze ebenfalls kurz andünsten, aber nicht bräunen lassen. Brühe und Sojasauce hinzufügen und zugedeckt 3 Minuten garen. Dann die grünen Mangoldstreifen dazugeben und alles weitere 7 Minuten zugedeckt garen, mit Salz und Pfeffer abschmecken. Die Nudeln unterheben und erhitzen.

───────

**TIPP —** *Probieren Sie statt Mangold auch andere Gemüsesorten wie Brokkoli, Paprika oder Wirsing. Mit leicht angerösteten Cashewkernen oder Erdnüssen bekommt das Nudelgericht zusätzlichen Biss.*

### ZUTATEN FÜR 4 PERSONEN

+ **200 g chinesische Eiernudeln**
+ **Salz**
+ **300 g Rindfleisch (zum Kurzbraten)**
+ **1 rote Chilischote**
+ **3 Knoblauchzehen**
+ **3 große Mangoldblätter**
+ **4 EL Öl**
+ **1 TL Senfkörner**
+ **½ l Gemüsebrühe**
+ **3 EL Sojasauce**
+ **Pfeffer aus der Mühle**

# TOFU-NUDEL-PFANNE
## MIT WASSERKASTANIEN

## ZUBEREITUNG

**01.** Die Eiernudeln nach Packungsanweisung in reichlich kochendem Salzwasser bissfest garen. In ein Sieb abgießen, kalt abschrecken und abtropfen lassen.

**02.** Die Süßkartoffeln schälen, waschen und in kleine Würfel schneiden. Die Frühlingszwiebeln putzen, waschen und in Stücke schneiden. Die Zwiebel und den Knoblauch schälen, beides fein hacken. Die Chilischote längs halbieren, entkernen, waschen und in Streifen schneiden. Den Tofu in Streifen schneiden.

**03.** Den Wok erhitzen und das Öl hineingeben. Die Tofustreifen kurz darin anbraten und wieder herausnehmen. Zwiebeln, Knoblauch und Chili im verbliebenen Öl anbraten. Süßkartoffeln, Frühlingszwiebeln und abgetropfte Wasserkastanien hinzufügen und etwa 5 Minuten mitbraten. Das Gemüse mit Brühe ablöschen und zugedeckt weitere 15 Minuten garen.

**04.** Die Tomaten waschen und in Spalten schneiden, dabei die Stielansätze entfernen. Nudeln, Tofu und Tomaten zum Gemüse geben und 5 Minuten braten. Mit Sojasauce und Pfeffer abschmecken. Den Schnittlauch waschen, trocken schütteln und in Röllchen schneiden. Die Nudelpfanne mit dem Schnittlauch bestreut servieren.

---

**TIPP —** *Für eine Variante mit Fleisch können Sie statt Tofu Hähnchenbrust verwenden. Dafür 1 TL Sesamöl mit 1 EL Sojasauce verrühren. Das Fleisch darin marinieren, trocken tupfen und wie den Tofu braten.*

## ZUTATEN
## FÜR 4 PERSONEN

+ **150 g chinesische Eiernudeln**
+ **Salz**
+ **2 Süßkartoffeln**
+ **3 Frühlingszwiebeln**
+ **1 Zwiebel • 1 Knoblauchzehe**
+ **1 rote Chilischote**
+ **100 g geräucherter Tofu**
+ **2 TL Sesamöl**
+ **60 g Wasserkastanien (aus der Dose)**
+ **50 ml Gemüsebrühe**
+ **2 Tomaten**
+ **2 EL Sojasauce**
+ **Pfeffer aus der Mühle**
+ **½ Bund Schnittlauch**

# INDONESISCHER CURRYREIS
## MIT HÄHNCHENBRUST

*(lecker)*

### ZUBEREITUNG

**01.** Das Hähnchenbrustfilet waschen, trocken tupfen und in feine Streifen schneiden. Aus Honig, Sojasauce, 1 EL Currypulver, Ketchup und Stärke eine Marinade rühren und unter das Fleisch mischen. 15 Minuten ziehen lassen.

**02.** Das Zitronengras waschen, der Länge nach halbieren und in feine Ringe schneiden. Frühlingszwiebeln putzen, waschen und in 1 bis 2 cm große Stücke schneiden. Die Paprikaschote putzen, waschen und in kleine Würfel schneiden.

**03.** Den Knoblauch schälen und fein hacken. Die Chilischote längs halbieren, entkernen, waschen und in sehr feine Streifen schneiden.

**04.** Den Wok erhitzen und das Öl hineingeben, das Fleisch darin anbraten. Zwiebeln, Paprika und Zitronengras dazugeben und kurz mitbraten. Knoblauch und Chili unterrühren. Den kalten Reis hinzufügen und etwa 3 Minuten mitbraten. Zum Schluss das restliche Currypulver dazugeben und gut untermischen.

———

**TIPP** — *Keine Lust auf Fleisch? Der Curryreis wird zum fleischlosen Verwandlungskünstler, wenn statt Hähnchenbrust Bananen in den Wok wandern. Die Marinade halbieren und die Bananen nur ganz kurz braten.*

### ZUTATEN
### FÜR 4 PERSONEN

+ **200 g Hähnchenbrustfilet**
+ **1 EL flüssiger Honig**
+ **3 EL Sojasauce**
+ **2 EL Currypulver**
+ **1 EL Tomatenketchup**
+ **1 TL Maisstärke**
+ **2 Stängel Zitronengras**
+ **1 Bund Frühlingszwiebeln**
+ **1 rote Paprikaschote**
+ **2 Knoblauchzehen**
+ **1 rote Chilischote**
+ **4 EL Sesamöl**
+ **500 g gekochter Basmatireis**

*mehr Hähnchen weniger Reis*

# NUDELN
## MIT GEMÜSE UND HACKFLEISCH

### ZUTATEN FÜR 4 PERSONEN

+ 150 g Chinakohl
+ 150 g Zuckerschoten
+ 2 Frühlingszwiebeln
+ 200 g Shiitake-Pilze
+ 2 Knoblauchzehen
+ 1 walnussgroßes Stück Ingwer
+ 300 g Mie-Nudeln • Salz
+ 200 g Bambussprossen (aus der Dose)
+ 2 EL Sojaöl
+ 400 g Schweinehackfleisch
+ 2–3 EL Sojasauce
+ Cayennepfeffer
+ 1–2 EL Sesamöl

### ZUBEREITUNG

**01.** Den Chinakohl putzen, waschen und in Streifen schneiden. Die Zuckerschoten putzen, waschen und schräg halbieren. Die Frühlingszwiebeln putzen, waschen und in feine Ringe schneiden. Die Pilze putzen und, falls nötig, trocken abreiben. Den Knoblauch und den Ingwer schälen und beides in feine Würfel schneiden.

**02.** Die Mie-Nudeln nach Packungsanweisung in reichlich kochendem Salzwasser bissfest garen. In ein Sieb abgießen, kalt abschrecken und abtropfen lassen.

**03.** Die Bambussprossen in ein Sieb geben, kalt abbrausen und abtropfen lassen. Den Wok erhitzen und das Sojaöl hineingeben. Das Hackfleisch darin krümelig braten, mit Sojasauce und Cayennepfeffer würzen und herausnehmen.

**04.** Das Sesamöl in den Wok geben. Chinakohl, Zuckerschoten, Frühlingszwiebeln, Pilze, Knoblauch, Ingwer und Bambussprossen darin unter Rühren 2 bis 3 Minuten braten. Das gebratene Hackfleisch und die abgetropften Nudeln dazugeben und unter Rühren weitere 2 Minuten braten. Mit Sojasauce, Salz und Cayennepfeffer abschmecken und servieren.

# NUDELPFANNE
## MIT TOFU, GEMÜSE UND ERDNÜSSEN

### ZUTATEN FÜR 4 PERSONEN

+ 2 EL Erdnussbutter
+ 2 EL Reisessig
+ ½ TL gemahlene Kurkuma
+ 500 g Tofu
+ 400 g chinesische Eiernudeln
+ 350 g Möhren
+ 20 g Ingwer
+ 100 g Erdnusskerne
+ 2 EL Erdnussöl • Salz
+ gemahlener Kreuzkümmel
+ Sichuanpfeffer
+ ½ Gurke
+ 2 EL Korianderblätter

### ZUBEREITUNG

**01.** Die Erdnussbutter mit Reisessig und Kurkuma in einer Tasse verrühren. Den Tofu längs halbieren, rundum mit der Paste bestreichen und zugedeckt etwa 1 Stunde marinieren.

**02.** Die Eiernudeln nach Packungsanweisung in reichlich kochendem Wasser bissfest garen. In ein Sieb abgießen, kalt abschrecken und abtropfen lassen.

**03.** Die Möhren putzen, schälen und in feine Stifte schneiden. Den Ingwer schälen und in feine Würfel schneiden. Die Erdnüsse grob hacken. Den Wok erhitzen, die Erdnüsse darin hellbraun rösten und wieder herausnehmen.

**04.** Den Tofu in Stifte schneiden. Das Öl im Wok erhitzen und den Tofu mit dem Ingwer unter Rühren etwa 3 Minuten anbraten. Die Möhren dazugeben und weitere 5 Minuten braten. Die Nudeln untermischen. Die Nudelpfanne mit Salz und je 1 Prise Kreuzkümmel und Pfeffer würzen.

**05.** Die Gurke waschen, längs halbieren, in Scheiben schneiden und auf Teller verteilen. Die Nudelpfanne darauf verteilen, mit den Erdnüssen bestreuen und mit Koriander garnieren.

# EIERNUDELN
## MIT PAK-CHOI UND TOFU

### ZUBEREITUNG

**01.** Die Eiernudeln nach Packungsanweisung in reichlich kochendem Salzwasser bissfest garen. In ein Sieb abgießen, kalt abschrecken und abtropfen lassen.

**02.** Die Pak-Choi in die einzelnen Blätter teilen, waschen, trocken schleudern und grob in Stücke schneiden. Die Bohnen putzen, waschen und halbieren. Die Maiskolben waschen und abtropfen lassen, den Tofu in mundgerechte Würfel schneiden.

**03.** Den Ingwer schälen und fein in eine kleine Schüssel reiben. Den Knoblauch schälen und dazupressen. Die Sojasauce unterrühren und die Tofuwürfel in der Marinade wenden.

**04.** Den Wok erhitzen und 2 EL Öl hineingeben. Die Bohnen mit dem Mais unter Rühren bei mittlerer Hitze etwa 5 Minuten braten. Den Pak-Choi dazugeben und 1 Minute mitbraten. Das Gemüse aus dem Wok nehmen und warm halten.

**05.** Das Reismehl in einen tiefen Teller füllen. Den Tofu aus der Marinade nehmen und im Reismehl wälzen. Das restliche Öl in den heißen Wok geben und die Tofuwürfel darin rundum anbraten. Das Gemüse und die Nudeln untermischen und heiß werden lassen. Mit der übrigen Marinade würzen, mit Salz, Pfeffer und 1 Prise Chilipulver abschmecken und mit dem Sesam bestreut servieren.

___

**TIPP —** *Das Wälzen der Tofuwürfel in Reismehl sorgt für eine dünne knusprige Kruste. Ersatzweise können Sie dafür auch Speisestärke oder einfach helles Weizenmehl verwenden.*

### ZUTATEN
### FÜR 4 PERSONEN

+ **400 g chinesische Eiernudeln**
+ **Salz**
+ **2 Pak-Choi**
+ **150 g grüne Bohnen**
+ **150 g Mini-Maiskolben**
+ **400 g Tofu**
+ **1 walnussgroßes Stück Ingwer**
+ **1 Knoblauchzehe**
+ **2 EL Sojasauce**
+ **4 EL Erdnussöl**
+ **4 EL Reismehl**
+ **Pfeffer aus der Mühle**
+ **Chilipulver**
+ **1—2 EL helle Sesamsamen**

# CURRY-KOKOS-REIS
## MIT ZUCKERSCHOTEN

### ZUTATEN FÜR 4 PERSONEN

+ 400 g Zuckerschoten
+ 1 Bund Frühlingszwiebeln
+ 1 gelbe Paprikaschote
+ 1 Zwiebel
+ 1 Knoblauchzehe
+ 1 haselnussgroßes Stück Ingwer
+ 2 EL Öl
+ 300 g Langkornreis
+ 400 ml ungesüßte Kokosmilch
+ ¼ l Gemüsebrühe
+ 2 EL Zitronensaft
+ 2 TL Currypulver • Salz
+ 1 kleines Bund Basilikum

### ZUBEREITUNG

**01.** Die Zuckerschoten putzen und waschen. Die Frühlingszwiebeln putzen, waschen und mit dem Grün in feine Ringe schneiden. Die Paprikaschote putzen, waschen und in Streifen schneiden. Zwiebel, Knoblauch und Ingwer schälen, alles fein hacken.

**02.** Den Wok erhitzen und das Öl hineingeben. Zuckerschoten, Frühlingszwiebeln und Paprika darin unter Rühren bei starker Hitze 2 Minuten braten, dann herausnehmen. Zwiebel, Knoblauch und Ingwer dazugeben und 1 Minute braten. Den Reis dazugeben, unterrühren und mitbraten, bis er glasig wird.

**03.** Kokosmilch und Brühe dazugießen. Den Reis mit Zitronensaft, Currypulver und Salz kräftig abschmecken und zugedeckt bei schwacher Hitze etwa 15 Minuten garen.

**04.** Das vorgegarte Gemüse untermischen und die Reispfanne nochmals 5 Minuten garen. Basilikum waschen und trocken schütteln, die Blätter von den Stielen zupfen und in Streifen schneiden. Den Curry-Kokos-Reis mit Basilikum bestreut servieren.

# EIER-CURRY-REIS
## MIT BUNTEM GEMÜSE

### ZUTATEN FÜR 4 PERSONEN

+ **250 g Basmatireis**
+ **1 kleine Möhre**
+ **1 dünne Stange Lauch**
+ **1 rote Paprikaschote**
+ **100 g Champignons**
+ **100 g Sojabohnensprossen**
+ **4 EL Öl**
+ **100 g Erbsen (tiefgekühlt)**
+ **2 TL Currypulver • Salz**
+ **2 Eier**
+ **2 EL Reiswein**
+ **Pfeffer aus der Mühle**

### ZUBEREITUNG

**01.** Den Reis unter fließendem Wasser gründlich waschen. In einem Topf mit ½ l Wasser zum Kochen bringen und zugedeckt bei schwacher Hitze etwa 20 Minuten garen. Überschüssiges Wasser abgießen und den Reis abkühlen lassen.

**02.** Die Möhre schälen und in kleine Würfel schneiden. Den Lauch putzen, waschen, quer in Streifen schneiden. Die Paprika putzen, waschen und in Würfel schneiden. Die Pilze putzen, in Scheiben schneiden. Die Sprossen abbrausen und abtropfen lassen.

**03.** Den Wok erhitzen und 3 EL Öl darin heiß werden lassen. Den Reis hineingeben und unter ständigem Rühren knusprig braten.

**04.** Den Reis aus dem Wok nehmen, das restliche Öl darin erwärmen. Das Gemüse dazugeben und 5 Minuten braten. Erbsen und Currypulver untermischen, salzen und noch 1 Minute braten. Den Reis wieder dazugeben. Die Eier mit Reiswein, Salz und Pfeffer verrühren, untermischen und kurz durchrühren, bis die Eier gestockt, aber noch saftig sind.

# NASI GORENG
## MIT SPIEGELEI

### ZUBEREITUNG

**01.** Den Reis unter fließendem Wasser waschen und abtropfen lassen. Mit der 1½-fachen Menge Wasser und 1 TL Salz aufkochen, zugedeckt bei schwacher Hitze etwa 20 Minuten quellen lassen. Den Reis etwas auflockern und ohne Deckel ausdampfen und abkühlen lassen.

**02.** Die Frühlingszwiebeln putzen und waschen. Die weißen Enden zuerst längs vierteln und dann quer in etwa 4 cm lange Stücke schneiden. Das Schweinefilet erst in Scheiben, dann in Streifen schneiden. Die Schalotten schälen und in feine Scheiben schneiden. Den Knoblauch schälen und fein hacken.

**03.** Den Wok stark erhitzen und 3 EL Öl hineingeben. Die Hälfte der Schalottenscheiben zu Ringen aufblättern und im heißen Öl unter häufigem Wenden goldbraun und knusprig braten. Die Röstschalotten aus dem Öl nehmen und auf Küchenpapier abtropfen lassen. 2 EL Öl in den Wok geben und die Fleischstreifen darin unter ständigem Rühren etwa 5 Minuten braten, bis sie knusprig sind.

**04.** Die restlichen Schalotten, Knoblauch und Frühlingszwiebeln dazugeben und kurz anbraten. Zuletzt den Reis hinzufügen und bei starker Hitze unter Rühren 3 bis 5 Minuten braten, bis er goldgelb ist. Inzwischen in einer Pfanne 1 EL Öl erhitzen und die Eier darin als Spiegeleier braten, das Eiweiß jeweils leicht salzen und pfeffern.

**05.** Den gebratenen Reis mit Ketjap Manis, Sambal Oelek und Galgant vermischen, mit Salz und Pfeffer kräftig abschmecken und auf Tellern anrichten. Auf jede Portion Nasi Goreng ein Spiegelei setzen und mit den Röstschalotten bestreut servieren.

### ZUTATEN FÜR 4 PERSONEN

+ **300 g Langkornreis • Salz**
+ **1 Bund Frühlingszwiebeln**
+ **350 g Schweinefilet**
+ **4 Schalotten**
+ **2 Knoblauchzehen**
+ **6 EL ÖL • 4 Eier**
+ **Pfeffer aus der Mühle**
+ **2 EL süße Sojasauce (Ketjap Manis)**
+ **1 TL Sambal Oelek**
+ **1 Msp. gemahlener Galgant**

# GEBRATENER REIS
## MIT CASHEWKERNEN

### ZUBEREITUNG

**01.** Etwa 1 l Wasser aufkochen, leicht salzen, den Reis hineingeben und einmal umrühren. Den Reis aufkochen und etwa 20 Minuten quellen lassen. Den Reis etwas abkühlen lassen.

**02.** Die Paprikaschoten putzen, waschen und in feine Würfel schneiden. Die Gurke waschen und ebenfalls in feine Würfel schneiden. Die Frühlingszwiebeln putzen, waschen und in feine Ringe schneiden.

**03.** Den Wok erhitzen. Die Cashewkerne darin ohne Fett anrösten, herausnehmen und beiseitestellen. Das Öl in den Wok geben und erhitzen. Paprika, Gurke und Zwiebeln hineingeben und kurz anbraten. Reis und Nüsse dazugeben, vermischen und 3 Minuten weiterbraten.

**04.** Den gebratenen Reis mit Salz und Pfeffer würzen, 2 Minuten weiterbraten. Auf vorgewärmten Tellern oder in Schälchen servieren.

───

TIPP — *Der gebratene Reis wird noch körniger im Geschmack, wenn man 100 g Langkornreis durch schwarzen Wildreis ersetzt. Dazu passen besonders gut Erdnüsse oder geschälte, halbierte Mandeln.*

### ZUTATEN
### FÜR 4 PERSONEN

+ Salz
+ 250 g Langkornreis
+ je 1 kleine rote, gelbe und grüne Paprikaschote
+ 100 g Salatgurke
+ 2 Frühlingszwiebeln
+ 100 g Cashewkerne
+ 4 EL Öl
+ Pfeffer aus der Mühle

# GEFÜLLTER KLEBREIS
## MIT HACKFLEISCH

### ZUTATEN FÜR 4 PERSONEN

+ 150 g Klebreis
+ 100 g Garnelen (küchenfertig)
+ 2 Frühlingszwiebeln
+ 5 Wasserkastanien (aus der Dose)
+ 150 g Schweinehackfleisch
+ 1 Ei
+ 1 EL Kartoffelmehl
+ 2 EL Fischsauce
+ Pfeffer aus der Mühle
+ 2 EL Öl

### ZUBEREITUNG

**01.** Den Klebreis etwa 8 bis 10 Stunden in lauwarmem Wasser einweichen, danach abgießen und etwa 20 Minuten im Dämpftopf garen.

**02.** Die Garnelen waschen und das Garnelenfleisch fein hacken. Die Frühlingszwiebeln putzen, waschen und in feine Ringe schneiden. Die Wasserkastanien abtropfen lassen und in kleine Stücke schneiden. Die vorbereiteten Zutaten mit Hackfleisch, Ei, Kartoffelmehl und Fischsauce gut vermischen, mit Pfeffer würzen.

**03.** Jeweils etwa 2 EL Reis abstechen und zu runden, flachen Kreisen formen. Jeweils 1 EL der Fleischmasse in die Mitte setzen und den Reis um die Füllung zu kleinen, gleichmäßigen Bällchen formen. So lange fortfahren, bis alle Zutaten aufgebraucht sind.

**04.** Den Boden eines Bambuskorbs mit Öl bestreichen und die Reisbällchen hineinsetzen. Fingerbreit Wasser in den Wok füllen und zum Kochen bringen. Den Bambuskorb einsetzen und 15 Minuten dämpfen. Die Reisbällchen nach Belieben mit Chilisauce und Gemüse servieren.

# FRITTIERTE REISBÄLLCHEN
## MIT PIKANTER SAUCE

### ZUTATEN FÜR 4 PERSONEN

+ 300 g Langkorn-Wildreis-Mischung
+ Salz
+ 1 Bund Frühlingszwiebeln
+ 2 Knoblauchzehen
+ 1 haselnussgroßes Stück Ingwer
+ 1 Salatgurke
+ 2 Eier • 50 g Mehl
+ 2 EL gemahlene Mandeln
+ Pfeffer aus der Mühle
+ Öl zum Braten und Frittieren
+ 100 g süße Chilisauce
+ 2 TL Reisessig • 1 TL Sojasauce
+ einige Salatblätter

### ZUBEREITUNG

**01.** Den Reis mit 600 ml Salzwasser einmal aufkochen, dann bei schwacher Hitze 20 Minuten quellen lassen.

**02.** Inzwischen Frühlingszwiebeln putzen, Knoblauch und Ingwer schälen und wie die Frühlingszwiebeln fein hacken. Die Gurke schälen, längs halbieren, entkernen und in kleine Würfel schneiden. Den gegarten Reis mit Eiern, Mehl und Mandeln vermischen, mit Salz und Pfeffer würzen. Aus der Masse mit angefeuchteten Händen etwa walnussgroße Bällchen formen.

**03.** Den Wok erhitzen und 1 EL Öl hineingeben. Frühlingszwiebeln, Knoblauch und Ingwer darin 2 Minuten braten und in eine Schüssel geben. Gurkenwürfel und Chilisauce dazugeben, mit Reisessig und Sojasauce abschmecken.

**04.** Das Öl erhitzen und die Reisbällchen darin portionsweise 4 bis 5 Minuten goldgelb frittieren. Die Salatblätter waschen, trocken tupfen und in Streifen schneiden. Die Reisbällchen auf dem Salat anrichten und mit der Sauce servieren.

# REIS-GARNELEN-BÄLLCHEN
## MIT ZUCCHINIGEMÜSE

### ZUBEREITUNG

**01.** Das Zitronengras waschen und andrücken. In einem Topf etwa ½ l Wasser mit dem Zitronengras zum Kochen bringen, den Reis dazugeben und bei schwacher Hitze zugedeckt etwa 20 Minuten ausquellen lassen. Vom Herd nehmen und etwas abkühlen lassen.

**02.** Die Garnelen abbrausen, trocken tupfen und fein hacken. Die Frühlingszwiebeln putzen, waschen und in feine Streifen schneiden. Die Chilischote längs halbieren, entkernen, waschen und in kleine Würfel schneiden. Mit den Frühlingszwiebeln, dem Ingwer, Kurkuma und den Garnelen unter den Reis mischen und mit Sojasauce abschmecken. Aus der Reismasse kleine Bällchen formen.

**03.** Das Reismehl in eine Schüssel sieben. In einem Topf reichlich Öl zum Frittieren erhitzen. Das Eiweiß und 1 Prise Salz mit dem Schneebesen zügig unter das Reismehl rühren. Etwa 150 ml kaltes Wasser angießen und alles zu einem glatten Teig verrühren. Die Reisbällchen portionsweise durch den Teig ziehen, etwas abtropfen lassen und im heißen Öl etwa 5 Minuten hellgelb frittieren. Die Bällchen mit dem Schaumlöffel herausnehmen und auf Küchenpapier abtropfen lassen.

**04.** Für das Gemüse die Zucchini putzen, waschen und in kleine Würfel schneiden. Den Knoblauch schälen und in feine Würfel schneiden. Den Wok erhitzen und das Sojaöl hineingeben. Zucchini und Knoblauch darin 2 bis 3 Minuten andünsten. Die Brühe angießen und bei schwacher Hitze etwa 5 Minuten köcheln lassen.

**05.** Etwa ¼ des Gemüses herausnehmen, in einem hohen Rührbecher mit dem Stabmixer fein pürieren und zurück in den Wok geben. Koriander untermischen und das Gemüse mit 1 Prise Currypulver und Limettensaft abschmecken. Das Gemüse mit den Reisbällchen servieren.

### ZUTATEN FÜR 4 PERSONEN

+ 1 Stängel Zitronengras
+ 300 g Rundkornreis
+ 100 g Riesengarnelenschwänze (küchenfertig)
+ 2 Frühlingszwiebeln
+ 1 rote Chilischote
+ 1 TL frisch geriebener Ingwer
+ ½ TL gemahlene Kurkuma
+ Sojasauce
+ 100 g Reismehl
+ Öl zum Frittieren
+ 1 Eiweiß
+ Salz
+ 2 Zucchini
+ 1 Knoblauchzehe
+ 1 EL Sojaöl
+ ca. 100 ml Gemüsebrühe
+ 2 EL gehackte Korianderblätter
+ Currypulver
+ 1 Spritzer Limettensaft

# — FISCH & —
# MEERESFRÜCHTE

# REISPAPIERROLLEN
## MIT KABELJAU UND LAUCH

### ZUBEREITUNG

**01.** Die Reispapierblätter in warmes Wasser tauchen und zwischen feuchten Küchentüchern weich werden lassen. Den Lauch putzen, längs einschneiden und gründlich waschen. Etwas vom hellgrünen Teil für die Dekoration beiseitelegen, den Rest klein schneiden.

**02.** Im Wok 1 bis 2 EL Butter erhitzen und den Lauch darin bei schwacher Hitze 2 bis 3 Minuten andünsten. Den Lauch vom Herd nehmen und abkühlen lassen. Den Kabeljau waschen, trocken tupfen und in kleine Würfel schneiden. Die Fischwürfel mit dem Lauch mischen und mit Zitronensaft, Salz und Pfeffer würzen.

**03.** Jeweils 1 bis 2 EL der Füllung auf das untere Viertel der Reispapierblätter setzen, die Teigränder rechts und links über die Füllung schlagen und die Teigblätter fest aufrollen.

**04.** Ein Bambuskörbchen oder einen Dämpfeinsatz mit Butter bestreichen und die Reispapierrollen mit der Nahtseite nach unten hineinlegen. Etwas Wasser im Wok erhitzen, den Dämpfeinsatz hineinsetzen und die Röllchen zugedeckt etwa 8 Minuten garen.

**05.** Die restliche Butter in einem kleinen Topf erhitzen und leicht bräunen. Vom Herd nehmen und mit dem übrigen Zitronensaft, Salz und Pfeffer würzen. Die Chilischote putzen, waschen und in feine Ringe schneiden. Den beiseitegelegten Lauch längs in feine Streifen schneiden.

**06.** Die Reispapierrollen auf Teller verteilen, mit der Würzbutter beträufeln und mit den Chiliringen und den Lauchstreifen garniert servieren.

### ZUTATEN
### FÜR 4 PERSONEN

+ **12 Reispapierblätter (ca. 22 cm Durchmesser)**
+ **2 Stangen Lauch**
+ **5 EL Butter**
+ **400 g Kabeljaufilet**
+ **2 EL Zitronensaft**
+ **Salz • Pfeffer aus der Mühle**
+ **1 rote Chilischote**

# SHRIMPS-PILZ-PFANNE
## MIT GLASNUDELN UND TOFU

### ZUBEREITUNG

**01.**  Die Shrimps in einem Sieb kalt abbrausen und abtropfen lassen. Die Morcheln mit heißem Wasser übergießen und 15 Minuten quellen lassen. Abtropfen lassen und gut waschen, um eventuell noch anhaftenden Sand zu entfernen.

**02.**  Den Knoblauch schälen und halbieren. Die Chilischote im Mörser sehr fein zerstoßen. Die Zuckerschoten putzen und waschen. Die Champignons mit Küchenpapier abreiben und in gleichmäßige Scheiben schneiden. Die Maiskolben abtropfen lassen und der Länge nach vierteln. Den Tofu abwaschen, trocken tupfen und in Würfel schneiden.

**03.**  Die Glasnudeln mit kochendem Wasser übergießen und etwa 10 Minuten quellen lassen. Abgießen, mit warmem Wasser abbrausen und kurz abtropfen lassen.

**04.**  Den Wok erhitzen und das Öl hineingeben. Nacheinander darin die Zuckerschoten, die Champignons, den Knoblauch und die Morcheln unter Rühren bei starker Hitze etwa 2 Minuten braten. Das Gemüse im Wok an den Rand schieben und die Maiskolben, die Shrimps und die Tofuwürfel hineingeben. Alles etwa 1 Minute bei starker Hitze braten, dabei gelegentlich umrühren.

**05.**  Die Sojasauce, den geriebenen Ingwer, die Austernsauce und die zerstoßene Chilischote dazugeben. Das Gemüse mit den Shrimps und den Gewürzen gut vermischen, mit Salz und Pfeffer abschmecken und etwa 1 Minute braten. Die Nudeln dazugeben, untermischen und noch heiß servieren.

### ZUTATEN
### FÜR 4 PERSONEN

+ **400 g Shrimps (küchenfertig)**
+ **50 g getrocknete Morcheln**
+ **4 Knoblauchzehen**
+ **1 getrocknete Chilischote**
+ **200 g Zuckerschoten**
+ **200 g Champignons**
+ **425 g Mini-Maiskolben (aus der Dose)**
+ **100 g Tofu**
+ **300 g Glasnudeln**
+ **4 EL Sesamöl**
+ **3 EL Sojasauce**
+ **1 EL frisch geriebener Ingwer**
+ **2 EL Austernsauce**
+ **Salz • Pfeffer aus der Mühle**

# SEAFOOD-CURRY
## MIT GARNELEN UND MANGO

### ZUBEREITUNG

**01.** Die Meeresfrüchte auftauen lassen. Anschließend kalt abbrausen und gut trocken tupfen.

**02.** Mangos schälen und das Fruchtfleisch in etwa ½ cm dicken Scheiben vom Kern schneiden. Die Hälfte des Fruchtfleisches mit Kokosraspeln, Kokosmilch, Chili- und Currypulver sowie 3 EL Wasser im Mixer zu einer feinen Sauce pürieren.

**03.** Die Möhre schälen und in Würfel schneiden. Die Zwiebeln und den Knoblauch schälen und fein hacken. Die Selleriestangen putzen, waschen und in kleine Würfel schneiden. Etwas Selleriegrün zum Garnieren beiseitelegen.

**04.** Den Wok erhitzen, das Öl hineingeben und die Gemüsewürfel darin andünsten. Die Meeresfrüchte dazugeben und kurz anbraten. Die Sauce untermischen und alles etwa 8 Minuten bei schwacher Hitze ziehen lassen. Wenn die Sauce zu dick wird, entweder mit Kokosmilch oder mit Wasser verdünnen.

**05.** Das Seafood-Curry mit Zitronensaft, Sesamöl, Salz und Pfeffer würzen und mit den restlichen Mangoscheiben und dem Selleriegrün garnieren.

### ZUTATEN
### FÜR 4 PERSONEN

+ **500 g tiefgekühlte Meeresfrüchte (z.B. Shrimps, Muscheln, Kalmare)**
+ **2 reife Mangos**
+ **3 EL Kokosraspel**
+ **ca. 3 EL ungesüßte Kokosmilch**
+ **2 Msp. Chilipulver**
+ **2 EL Currypulver**
+ **1 große Möhre**
+ **2 Zwiebeln**
+ **3 Knoblauchzehen**
+ **2 Stangen Staudensellerie**
+ **2 EL Öl**
+ **Saft von ½ Zitrone**
+ **5 EL Sesamöl**
+ **Salz • Pfeffer aus der Mühle**

———

**TIPP —** *Anstelle eines Meeresfrüchte-Mix können Sie für dieses Curry auch nur Garnelen verwenden. Neben den tiefgekühlten erhalten Sie gegarte (rosa) und rohe (graue) Garnelen im Handel.*

# SÜSS-SAURE GARNELEN
## MIT PAPRIKA UND CHILI

### ZUTATEN FÜR 4 PERSONEN

+ 1 Eiweiß
+ 2 EL Aceto balsamico
+ 4 EL Reiswein
+ 2 EL Sojasauce
+ 1 EL Tomatenketchup
+ Salz • Pfeffer aus der Mühle
+ 20 große Garnelen (küchenfertig)
+ 2 rote Paprikaschoten
+ 4 Frühlingszwiebeln
+ 1 rote Chilischote
+ 2 EL Speisestärke
+ 5 EL Öl
+ 1 Msp. Ingwerpulver
+ 4 EL Hummerfond

### ZUBEREITUNG

**01.** Das Eiweiß leicht schaumig schlagen und mit dem Essig, dem Reiswein, der Sojasauce und dem Ketchup zu einer Marinade verrühren. Mit Salz und Pfeffer abschmecken. Garnelen kalt abbrausen, abtropfen lassen und 20 Minuten darin marinieren.

**02.** Die Paprikaschoten putzen, waschen und in 2 cm große Würfel schneiden. Die Frühlingszwiebeln putzen, waschen und in Ringe schneiden. Die Chilischote entkernen, waschen und fein hacken.

**03.** Die Garnelen aus der Marinade nehmen, abtropfen lassen und mit Speisestärke bestäuben. Den Wok erhitzen, das Öl hineingeben und die Garnelen darin unter Rühren anbraten. Herausnehmen und warm stellen.

**04.** Das Gemüse im Bratfett unter Rühren etwa 5 Minuten bei mittlerer Hitze garen. Mit Ingwer würzen, die Marinade und den Hummerfond dazugeben. Alles 3 Minuten köcheln lassen. Zum Schluss die gebratenen Garnelen untermischen.

# GARNELEN
## IM LAUCHMANTEL

### ZUTATEN FÜR 4 PERSONEN

+ 8 Riesengarnelen-
  schwänze (à ca. 40 g)
+ 2 Stangen Lauch
+ Salz • 2 Knoblauchzehen
+ 1 haselnussgroßes Stück Ingwer
+ ½ Bund Petersilie
+ 1 EL flüssiger Honig
+ Saft von 1 Zitrone
+ 4 EL trockener Sherry
+ 4 EL Sesamöl
+ Pfeffer aus der Mühle

### ZUBEREITUNG

**01.**  Die Garnelen schälen, am Rücken entlang einschneiden und den dunklen Darm entfernen. Garnelen kalt abbrausen und trocken tupfen.

**02.**  Den Lauch putzen, längs einschneiden und gründlich waschen. Acht schöne Blätter ablösen, in kochendem Salzwasser kurz blanchieren, eiskalt abschrecken und abtropfen lassen.

**03.**  Für die Marinade Knoblauch und Ingwer schälen, beides fein hacken. Die Petersilie waschen und trocken schütteln, die Blätter von den Stielen zupfen und klein schneiden.

Knoblauch, Ingwer und Petersilie mit Honig, Zitronensaft, Sherry und 3 EL Sesamöl verrühren, mit Salz und Pfeffer würzen. Die Garnelen mit der Marinade vermischen und 20 Minuten ziehen lassen.

**04.**  Die Garnelen aus der Marinade nehmen und auf Küchenpapier abtropfen lassen. Mit je einem Lauchblatt umwickeln und mit einem Holzspießchen feststecken. Den Wok erhitzen, das restliche Öl hineingeben. Die Garnelen darin rundum etwa 5 Minuten dünsten. Nach Belieben mit Sesamsamen bestreuen und auf Limettenscheiben anrichten.

# GEBRATENE GARNELEN
## MIT SCHARFEN SPROSSEN

### ZUBEREITUNG

**01.** Die Eiernudeln nach Packungsanweisung in reichlich kochendem Salzwasser bissfest garen. In ein Sieb abgießen, kalt abschrecken und abtropfen lassen.

**02.** Die Frühlingszwiebeln putzen, waschen und in Ringe schneiden. Den Knoblauch schälen und fein hacken. Die Sojabohnensprossen in einem Sieb heiß abbrausen und abtropfen lassen. Die Garnelen kalt abbrausen und abtropfen lassen.

**03.** Den Wok erhitzen und 1 EL Öl hineingeben. Die Nudeln darin knusprig anbraten, herausnehmen und warm stellen. Das restliche Öl in den Wok geben und die Garnelen darin anbraten. Den Knoblauch dazugeben und mitbraten.

**04.** Nach etwa 8 Minuten die Garnelen herausnehmen und ebenfalls warm stellen. Die Frühlingszwiebeln anbraten, die Sprossen dazugeben und 2 Minuten mitbraten.

**05.** Die Speisestärke mit der Brühe verrühren, Sambal Oelek, Zucker, Zitronensaft und Tomatenmark einrühren. In den Wok gießen und aufkochen lassen, mit Salz abschmecken.

**06.** Die Nudeln auf Schälchen verteilen, Gemüse und Garnelen darauf anrichten und die Sauce darübergeben.

___

TIPP — *Sojabohnensprossen sind die Keime der Sojabohne. Die Sprossen nicht roh verzehren, sie könnten Keime enthalten. Frische Sprossen sollten vor dem Verzehr mit heißem Wasser übergossen werden.*

### ZUTATEN
### FÜR 4 PERSONEN

+ **250 g chinesische Eiernudeln**
+ **Salz**
+ **1 Bund Frühlingszwiebeln**
+ **1 Knoblauchzehe**
+ **50 g Sojabohnensprossen**
+ **16 Garnelen (küchenfertig)**
+ **3 EL Öl**
+ **2 TL Speisestärke**
+ **¼ l Gemüsebrühe**
+ **½ TL Sambal Oelek**
+ **1 TL Zucker**
+ **1 EL Zitronensaft**
+ **2 TL Tomatenmark**

# GEDÄMPFTER DORSCH
## MIT CHINAKOHL UND WIRSING

### ZUTATEN FÜR 4 PERSONEN

+ 2 Möhren
+ 1 Stange Lauch
+ je 150 g Chinakohl und Wirsing
+ 4 EL Sojabohnensprossen
+ 700 g Dorschfilet
+ 2 EL Zitronensaft
+ Salz • Pfeffer aus der Mühle
+ 1 EL Reismehl
+ 3 Schalotten
+ 2 Stängel Zitronengras
+ 2 EL Öl
+ 200 ml Fischfond
+ 1 Knoblauchzehe
+ 1 gegarte Kartoffel

### ZUBEREITUNG

**01.** Möhren schälen, Lauch, Chinakohl und Wirsing gründlich waschen, alles in feine Streifen schneiden. Sojabohnensprossen in einem Sieb heiß abbrausen und abtropfen lassen.

**02.** Das Fischfilet waschen, trocken tupfen und in mundgerechte Stücke schneiden. Mit Zitronensaft beträufeln, salzen, pfeffern und im Reismehl wenden. Schalotten schälen und hacken. Den weißen Teil vom Zitronengras abschneiden und mit einem breiten Messer flach drücken.

**03.** Den Wok erhitzen und das Öl hineingeben. Den Fisch anbraten, herausnehmen und warm stellen. Möhren, Lauch, Chinakohl und Wirsing im Wok bissfest garen, herausnehmen. Schalotten im Öl glasig dünsten, Zitronengras dazugeben. Mit dem Fischfond ablöschen. Knoblauch schälen, hacken und dazugeben. 3 Minuten köcheln lassen. Das Zitronengras aus der Sauce nehmen.

**04.** Die Kartoffel durch die Kartoffelpresse drücken und mit einem Schneebesen unter die Sauce rühren. Mit Salz und Pfeffer würzen. Den Fisch und das Gemüse dazugeben und kurz erhitzen.

# KALMARE
## MIT ZUCKERSCHOTEN

### ZUTATEN FÜR 4 PERSONEN

+ **400 g Kalmare (kleine Tintenfischkörper)**
+ **Salz**
+ **200 g Zuckerschoten**
+ **400 g grüne Paprikaschoten**
+ **2 EL Sesamöl**
+ **3 gehackte Knoblauchzehen**
+ **2 TL frisch geriebener Ingwer**
+ **4 EL helle Sojasauce**
+ **6 EL Austernsauce**
+ **4 EL Reiswein**
+ **125 ml Hühnerbrühe**
+ **1½ EL Speisestärke**

### ZUBEREITUNG

**01.** Die Kalmare waschen, trocken tupfen und längs in dünne Streifen schneiden. In kochendem Salzwasser kurz blanchieren, in ein Sieb abgießen und abtropfen lassen.

**02.** Die Zuckerschoten putzen und waschen. Die Paprikaschoten putzen, waschen und in schmale Streifen schneiden.

**03.** Den Wok erhitzen und das Sesamöl hineingeben. Knoblauch und Ingwer darin kurz anbraten. Zuckerschoten und Paprikastreifen dazugeben und alles weitere 1 bis 2 Minuten braten. Soja- und Austernsauce, den Reiswein und die Brühe dazugießen und 1 Minute leicht kochen lassen. Die Stärke mit etwas kaltem Wasser glatt rühren, zum Gemüse geben und aufkochen lassen.

**04.** Die Tintenfischstreifen zum Gemüse geben und gut vermischen. Aufkochen lassen und nochmals abschmecken. Dazu passt Basmatireis.

# TINTENFISCH
## IM GEMÜSEBETT

## ZUBEREITUNG

**01.** Tintenfisch waschen und trocken tupfen. Die Körper zuerst aufschneiden, auf der Innenseite mit einem Messer rautenförmig einritzen und dann in Stücke schneiden.

**02.** Zuckerschoten putzen und waschen. Paprika putzen, waschen und in dünne Streifen schneiden. Gurke waschen, längs halbieren, entkernen und ebenfalls in dünne Streifen schneiden. Den Knoblauch schälen, die Chilischoten längs halbieren, entkernen und waschen. Beides fein hacken.

**03.** Das Basilikum waschen, trocken schütteln und die Blätter abzupfen. Die Sojabohnensprossen in einem Sieb heiß abbrausen und abtropfen lassen.

**04.** Den Wok erhitzen und 2 EL Erdnussöl hineingeben, die Tintenfischstücke darin anbraten. Chili und Knoblauch dazugeben und 5 Minuten weiterbraten. Limettensaft und Sojasauce dazugießen und untermischen. Die Tintenfisch-stücke herausnehmen und warm stellen.

**05.** Das restliche Öl im Wok erhitzen, Zuckerschoten und Paprikastreifen darin andünsten. Die Gurkenstreifen und die Sojabohnensprossen dazugeben und kurz mitdünsten. Die Tintenfischstücke mit dem Sud dazugeben und die Basilikumblätter untermischen.

---

**TIPP —** *Besonders gut wird dieses Gericht, wenn Sie es mit frischen Tintenfischkörpern zubereiten. Ersatzweise können Sie aber auch die entsprechende Menge tief-gekühlte Tintenfischringe verwenden.*

## ZUTATEN
## FÜR 4 PERSONEN

+ 500 g Tintenfischkörper
+ 150 g Zuckerschoten
+ je 1 gelbe und rote Paprika-schote
+ 200 g Salatgurke
+ 3 Knoblauchzehen
+ 2 rote Chilischoten
+ 1 Bund Thai-Basilikum
+ 100 g Sojabohnensprossen
+ 5 EL Erdnussöl
+ 3 EL Limettensaft
+ 4 EL helle Sojasauce

# EXOTISCHE FISCHPFANNE
## MIT ÄPFELN UND REIS

### ZUBEREITUNG

**01.**   Die Zwiebel schälen und hacken. Die Fenchelknolle und die Paprikaschote putzen, waschen und in dünne Streifen schneiden. Die Sojabohnensprossen in einem Sieb heiß abbrausen und abtropfen lassen.

**02.**   Den Wok erhitzen und das Öl hineingeben. Die Zwiebel darin glasig dünsten, den Reis hinzufügen und kurz anbraten. Die Fenchel- und Paprikastreifen dazugeben und unter Rühren etwa 10 Minuten mitbraten. Mit ¼ l Wasser und der Sojasauce aufgießen und 25 Minuten köcheln lassen.

**03.**   Das Fischfilet waschen, trocken tupfen und in Stücke schneiden. Mit dem Zitronensaft beträufeln und 10 Minuten ziehen lassen. Inzwischen die Äpfel schälen, vierteln, vom Kerngehäuse befreien und in dünne Scheiben schneiden.

**04.**   Apfelscheiben und Fischstücke in den Wok geben, 10 Minuten ziehen lassen. Die Garnelen in einem Sieb kalt abbrausen, abtropfen lassen und zum Fischreis geben.

**05.**   Die Rosinen, die Sojabohnensprossen und den Dill dazugeben und vorsichtig untermischen. Alles noch etwa 2 Minuten durchziehen lassen und nach Belieben mit frischen Dillspitzen garniert servieren.

---

TIPP — *Das beste Aroma für die Reispfanne haben leicht säuerliche Äpfel, die beim Kochen nicht allzu schnell weich werden. Gut geeignet sind z.B. Idared, Cox Orange, Boskop oder auch Jonagold.*

### ZUTATEN
### FÜR 4 PERSONEN

+ 1 große Zwiebel
+ 400 g Fenchel
+ 1 rote Paprikaschote
+ 150 g Sojabohnensprossen
+ 3 EL Sesamöl
+ 150 g Reis
+ 2 EL Sojasauce
+ 500 g Rotbarschfilet
+ 1 EL Zitronensaft
+ 250 g Äpfel
+ 100 g Garnelen (küchen-fertig)
+ 50 g Rosinen
+ 1 TL getrockneter Dill

# FISCHCURRY
## MIT GEWÜRZREIS

### ZUTATEN FÜR 4 PERSONEN

+ 200 g Basmatireis
+ 3 Nelken • 1 Zimtstange
+ 1 TL Kardamomkapseln
+ 600 g Kabeljaufilet
+ 2 Schalotten • 2 Knoblauchzehen
+ 1 walnussgroßes Stück Ingwer
+ 2 Stiele Koriander
+ 2 EL Sesamöl • 4 EL Sojasauce
+ 6 EL ungesüßte Kokosmilch
+ 2 TL Currypulver • 1 TL Chilipulver
+ 1 Döschen Safranfäden
+ 1 EL gemahlene Mandeln
+ 1 EL Zitronensaft
+ Salz • Pfeffer aus der Mühle

### ZUBEREITUNG

**01.** Den Reis in einem Sieb unter fließendem Wasser waschen, mit der doppelten Menge Wasser und mit Nelken, Zimtstange und Kardamomkapseln aufkochen. Etwa 20 Minuten quellen lassen. Die Gewürze wieder entfernen.

**02.** Das Fischfilet waschen, trocken tupfen und in mundgerechte Stücke schneiden. Schalotten und Knoblauch schälen und fein hacken. Den Ingwer schälen und fein reiben. Den Koriander waschen und trocken tupfen, die Blätter von den Stielen zupfen und grob hacken.

**03.** Den Wok erhitzen und das Öl hineingeben. Die Schalotten darin anbraten. Den Knoblauch und den Ingwer dazugeben und ebenfalls kurz mitbraten.

**04.** Mit der Sojasauce und der Kokosmilch ablöschen. Curry- und Chilipulver, Safran, Mandeln und Zitronensaft unterrühren und alles mit Salz und Pfeffer abschmecken.

**05.** Die Fischfiletstücke in die Sauce geben und bei mittlerer Hitze unter Rühren etwa 4 Minuten köcheln lassen. Zum Schluss den gehackten Koriander unterrühren und das Fischcurry mit dem Gewürzreis servieren.

# FISCH IN REISPAPIER
## MIT SESAMSAMEN

### ZUTATEN FÜR 4 PERSONEN

+ 16 Reispapierblätter
+ 600 g Fischfilet (z.B. Kabeljau, Schellfisch, Barsch)
+ Salz • Pfeffer aus der Mühle
+ Saft von 1 Zitrone
+ 150 ml Öl
+ 2 EL geröstete Sesamsamen
+ 1 Knoblauchzehe
+ 2 rote Chilischoten
+ 1 EL Zucker
+ 100 ml Reisessig
+ je 2 EL gehackte Minze- und Korianderblätter

### ZUBEREITUNG

**01.** Die Reispapierblätter zwischen feuchten Küchentüchern einweichen. Den Fisch waschen und trocken tupfen. In 16 Stücke teilen, mit Salz und Pfeffer würzen, mit Zitronensaft beträufeln.

**02.** Je 1 Fischstück auf 1 Blatt Reispapier legen. Die schmalen Seiten zusammenschlagen und die Reispapierblätter von der Längsseite her aufrollen.

**03.** Den Wok erhitzen, das Öl hineingeben und die Röllchen darin portionsweise gold-gelb ausbacken. Die Röllchen herausnehmen, auf Küchenpapier abtropfen lassen und mit Sesamsamen bestreuen.

**04.** Für die Sauce den Knoblauch schälen und fein hacken. Die Chilischoten längs halbieren, entkernen, waschen und fein hacken. Mit Zucker, Reisessig, Minze und Koriander vermischen. Die Sauce mit Salz und Pfeffer abschmecken und zu den Fischpäckchen servieren.

# GEBRATENER ZANDER
## AUF GEMÜSE UND REIS

### ZUBEREITUNG

**01.** Den Reis gründlich waschen, mit der doppelten Menge Wasser in einem Topf aufkochen, salzen und zugedeckt bei schwacher Hitze etwa 20 Minuten quellen lassen.

**02.** Das Zanderfilet waschen, trocken tupfen und quer in etwa 1½ cm breite Streifen schneiden. Die Filetstreifen mit dem Zitronensaft beträufeln.

**03.** Den Sellerie putzen, schälen und in etwa 2 cm große Würfel schneiden. In einem Topf Salzwasser erhitzen und die Selleriewürfel darin etwa 6 Minuten garen, in ein Sieb abgießen und kalt abschrecken.

**04.** Die Zuckerschoten putzen und waschen. Den Ingwer schälen und in feine Würfel schneiden. Die Schalotten schälen, längs halbieren und in Streifen schneiden. Das Thai-Basilikum waschen, trocken tupfen und die Blätter abzupfen. Die Mango schälen, das Fruchtfleisch vom Stein und anschließend in dünne Stifte schneiden.

**05.** Den Wok erhitzen und das Öl hineingeben. Den Ingwer und die Schalotten darin kurz anbraten. Den Zander dazugeben und 2 Minuten mitbraten. Die Selleriewürfel, die Zuckerschoten und die Mangostifte hinzufügen, mit der Sojasauce ablöschen, weitere 3 Minuten garen und mit Pfeffer abschmecken.

**06.** Den Reis mithilfe eines Eisportionierers zu Kugeln formen und auf Teller verteilen. Den Zander mit dem Gemüse daneben anrichten und mit dem Basilikum garniert servieren.

———

**TIPP —** *Die Mango für dieses Gericht sollte noch nicht zu reif und weich sein, damit sie sich gut in Stifte schneiden lässt und diese beim Garen ihre Form behalten.*

### ZUTATEN
### FÜR 4 PERSONEN

+ 200 g Basmatireis
+ Salz
+ 600 g Zanderfilet (mit Haut)
+ 1 EL Zitronensaft
+ ¼ Sellerieknolle
+ 100 g Zuckerschoten
+ 50 g Ingwer
+ 2 Schalotten
+ ½ Handvoll Thai-Basilikum
+ 1 kleine Mango
+ 3—4 EL Sesamöl
+ 2 EL helle Sojasauce
+ Pfeffer aus der Mühle

# SEETEUFELFILET
## IN KURKUMAPANADE

### ZUTATEN FÜR 4 PERSONEN

+ **4 Knoblauchzehen**
+ **1 walnussgroßes Stück Ingwer**
+ **5 EL gemahlene Kurkuma**
+ **50 g Naturjoghurt**
+ **800 g Seeteufelfilet**
+ **2 große Zwiebeln**
+ **1 Bund Dill**
+ **1 rote Chilischote**
+ **Öl zum Frittieren**

### ZUBEREITUNG

**01.** Den Knoblauch schälen und in feine Würfel schneiden. Den Ingwer schälen und fein reiben. Beides mit Kurkuma und Joghurt in einer Schüssel verrühren.

**02.** Das Seeteufelfilet waschen, trocken tupfen und in mundgerechte Stücke schneiden. Die Fischstücke mit der Marinade vermischen und etwa 10 Minuten ziehen lassen.

**03.** Die Zwiebeln schälen und in sehr feine Streifen schneiden. Den Dill waschen, trocken schütteln und die Dillspitzen abzupfen. Die Chilischote längs halbieren, entkernen, waschen und in feine Würfel schneiden.

**04.** Das Öl in der Fritteuse oder in einem hohen Topf auf 170 °C erhitzen und die Fischstücke darin 3 Minuten frittieren. Die Zwiebelstreifen dazugeben und 1 bis 2 Minuten mitfrittieren. Den Dill hinzufügen und ganz kurz frittieren.

**05.** Alles herausnehmen und auf Küchenpapier abtropfen lassen. In Schälchen anrichten und mit Chiliwürfeln bestreuen. Nach Belieben mit Jasminreis und Fisch- oder Chilisauce servieren.

# RED SNAPPER
## MIT SCHWARZEN BOHNEN UND PILZEN

### ZUTATEN FÜR 4 PERSONEN

+ 250 g Pilze (z.B. Champignons, Shiitake-Pilze)
+ 3 Knoblauchzehen
+ 1 walnussgroßes Stück Ingwer
+ 3 Frühlingszwiebeln
+ 150 g schwarze Bohnen (aus der Dose)
+ 600 g Red-Snapper-Filet
+ 2 EL Limettensaft
+ ca. 2 EL helle Sojasauce
+ Salz • Pfeffer aus der Mühle
+ ca. 50 g Reismehl
+ 4—6 EL Sojaöl

### ZUBEREITUNG

**01.**  Pilze putzen, trocken abreiben und in Scheiben schneiden. Knoblauch und Ingwer schälen und beides in feine Würfel schneiden. Frühlingszwiebeln putzen, waschen und in feine Streifen schneiden. Etwas für die Deko beiseitelegen, den Rest ebenfalls in kleine Würfel schneiden. Bohnen in ein Sieb abgießen, kalt abbrausen und gut abtropfen lassen.

**02.**  Fisch waschen, trocken tupfen und in mundgerechte Stücke schneiden. Mit Limettensaft und 1 EL Sojasauce beträufeln, salzen und pfeffern. Das Reismehl in einen tiefen Teller geben, die Fischstücke darin wenden und überschüssiges Mehl abklopfen.

Den Wok erhitzen und 3 bis 4 EL Öl hineingeben. Den Fisch darin bei starker Hitze etwa 5 Minuten rundum knusprig braten. Herausnehmen und warm halten.

**03.**  Das restliche Öl im Wok erhitzen. Knoblauch, Ingwer und Frühlingszwiebeln darin 2 bis 3 Minuten anbraten, Pilze dazugeben und kurz mitbraten. Bohnen grob hacken und untermischen. Mit Sojasauce und Pfeffer abschmecken und auf Teller verteilen. Fisch darauf anrichten und mit dem Zwiebelgrün garniert servieren.

# SEETEUFELMEDAILLONS
## MIT REISNUDELN UND PILZEN

### ZUBEREITUNG

**01.** Knoblauch und Ingwer schälen und fein hacken. Die Chilischote längs halbieren, entkernen, waschen und in Streifen schneiden. Die Shiitake-Pilze putzen, trocken abreiben und in Scheiben schneiden. Die Frühlingszwiebeln putzen, waschen und schräg in etwa 2 cm lange Stücke schneiden.

**02.** Die Reisnudeln nach Packungsanweisung in reichlich kochendem Salzwasser bissfest garen. In ein Sieb abgießen, kalt abschrecken und abtropfen lassen.

**03.** Die Mandelstifte im Wok ohne Fett goldgelb rösten und herausnehmen. Den Fisch waschen, trocken tupfen und in 8 Medaillons schneiden. Den Wok erhitzen und 2 EL Öl hineingeben. Die Medaillons darin auf jeder Seite etwa 1 Minute anbraten und ebenfalls herausnehmen. Das restliche Öl erhitzen, Knoblauch, Ingwer, Chili, Pilze und Frühlingszwiebeln darin 2 Minuten anbraten, dabei ständig rühren.

**04.** Die Nudeln, die Mandelstifte, das Sesamöl, die Sojasauce, den Sherry und die Fischmedaillons hinzufügen und kurz kochen lassen. Abschmecken und mit Korianderblättern bestreut servieren.

### ZUTATEN
### FÜR 4 PERSONEN

+ **2 Knoblauchzehen**
+ **1 walnussgroßes Stück Ingwer**
+ **1 rote Chilischote**
+ **150 g Shiitake-Pilze**
+ **1 Bund Frühlingszwiebeln**
+ **250 g Reisnudeln • Salz**
+ **2 EL Mandelstifte**
+ **500 g Seeteufelfilet**
+ **3 EL Öl**
+ **2 EL Sesamöl**
+ **2 EL Sojasauce**
+ **2 cl Sherry (trocken)**
+ **2 EL Korianderblätter**

──────

**TIPP —** *Wenn Sie kein Seeteufelfilet bekommen, können Sie auch anderes Filet verwenden; es sollte jedoch fest sein, damit es beim Braten nicht zerfällt. Edel ist auch Zanderfilet, preisgünstiger ist Rotbarsch.*

# SÜSS-SAURER FISCHTOPF
## MIT INGWER UND BAMBUS

### ZUTATEN FÜR 4 PERSONEN

+ 600 g gemischtes Fischfilet
  (z.B. Kabeljau, Rotbarsch)
+ 1 walnussgroßes Stück Ingwer
+ 2 Knoblauchzehen
+ 2 Frühlingszwiebeln
+ 150 g Bambussprossen (aus der Dose)
+ 150 g Champignons
+ 3 EL Öl • 4 EL Mangochutney
+ 5 EL Reisessig • 4 TL Sherry
+ 4 EL Sojasauce • 2 EL Zucker
+ 100 ml Gemüsebrühe
+ 1 gestr. TL Speisestärke
+ Salz • Pfeffer aus der Mühle

### ZUBEREITUNG

**01.** Das Fischfilet waschen, trocken tupfen und in mundgerechte Stücke schneiden. Den Ingwer und den Knoblauch schälen und fein hacken. Die Frühlingszwiebeln putzen, waschen und in sehr feine Streifen schneiden. Die Bambussprossen in ein Sieb abgießen und abtropfen lassen. Die Champignons putzen, trocken abreiben und in feine Scheiben schneiden.

**02.** Den Wok erhitzen, das Öl hineingeben und die Fischstücke darin anbraten. Herausnehmen und warm stellen.

**03.** Ingwer und Knoblauch in den Wok geben und kurz anbraten. Champignons, Frühlingszwiebeln und Bambussprossen dazugeben und bei mittlerer Hitze etwa 3 Minuten unter Rühren dünsten. Mangochutney, Essig, Sherry, Sojasauce, Zucker und Brühe unterrühren.

**04.** Die Fischstücke vorsichtig untermischen. Die Stärke in einer kleinen Tasse mit 2 EL Wasser anrühren und über den Fisch gießen, gleichmäßig und schnell untermischen. Den Fischtopf noch 2 Minuten köcheln lassen, mit Salz und Pfeffer abschmecken und servieren.

# SEEBARSCH
## IN ROTER SAUCE

### ZUTATEN FÜR 4 PERSONEN

+ 100 g Palmenherzen (aus der Dose)
+ 1 gelbe Paprikaschote
+ 3 Frühlingszwiebeln
+ 1 walnussgroßes Stück Ingwer
+ 3 Knoblauchzehen
+ 400 g Seebarschfilet
+ 2 ½ TL Speisestärke
+ Salz • 3 EL Reiswein
+ 6 EL passierte Tomaten
  (aus der Dose)
+ 1 EL brauner Zucker
+ 2 EL Reisessig • 1 EL Sojasauce
+ 4 EL Erdnussöl

### ZUBEREITUNG

**01.** Die Palmenherzen auf einem Sieb abtropfen lassen und in Scheiben schneiden. Die Paprikaschote putzen, waschen und in feine Streifen schneiden. Frühlingszwiebeln ebenfalls putzen und waschen, dann in Ringe schneiden. Den Ingwer und den Knoblauch schälen und fein hacken. Das Fischfilet in Streifen schneiden.

**02.** 2 TL Speisestärke mit 1 EL Wasser, Salz und 1 EL Reiswein verrühren. Die Fischstücke 10 Minuten darin marinieren.

**03.** Die Tomaten, Zucker, Essig und 2 EL Reiswein mit 4 EL Wasser verrühren, ½ TL Speisestärke und Sojasauce unterrühren.

**04.** Den Wok erhitzen und das Öl hineingeben. Den Fisch aus der Marinade nehmen, abtropfen lassen und im Öl goldgelb braten. Herausnehmen und warm stellen. Paprika, Frühlingszwiebeln, Ingwer und Knoblauch 4 Minuten dünsten. Palmenherzen und Sauce hinzufügen und 2 Minuten köcheln lassen. Den Fisch untermischen.

# GEFLÜGEL
# & FLEISCH

# HÄHNCHENBRUSTFILET
## SÜSS-SAUER

### ZUBEREITUNG

**01.** Ingwer und Knoblauch schälen und fein hacken. Mit der Sojasauce, dem Reisessig und dem Fünf-Gewürze-Pulver zu einer Marinade verrühren. Hähnchenfleisch waschen und trocken tupfen, in mundgerechte Stücke schneiden und in der Marinade zugedeckt etwa 30 Minuten ziehen lassen.

**02.** Die Ananas schälen, den harten Strunk entfernen und das Fruchtfleisch in kleine Stücke schneiden. Die Frühlingszwiebeln putzen, waschen und schräg in feine Ringe schneiden. Die Möhren schälen und in feine Stifte schneiden.

**03.** Den Wok erhitzen und das Öl hineingeben. Das Hähnchenfleisch aus der Marinade nehmen und im heißen Öl rundum scharf anbraten. Die Frühlingszwiebeln und Möhrenstifte dazugeben und mitbraten.

**04.** Die Marinade mit der Brühe, dem Tomatenmark und der Stärke verquirlen, zum Hähnchenfleisch geben und aufkochen lassen. Die Ananasstücke untermischen, mit Salz, Pfeffer und Zucker würzen und einige Minuten leicht kochen lassen. Dazu passt Basmatireis.

### ZUTATEN
### FÜR 4 PERSONEN

+ 1 walnussgroßes Stück Ingwer
+ 2 Knoblauchzehen
+ 6 EL helle Sojasauce
+ 4 EL Reisessig
+ 1 TL Fünf-Gewürze-Pulver
+ 500 g Hähnchenbrustfilet
+ ¼ Ananas
+ 1 Bund Frühlingszwiebeln
+ 4 Möhren • 2 EL Öl
+ 400 ml Hühnerbrühe
+ 3 EL Tomatenmark
+ 2 TL Speisestärke
+ Salz • Pfeffer aus der Mühle
+ Zucker

------

**TIPP —** *Nicht nur für Gäste: Nehmen Sie statt Hähnchenbrust aromatisches Entenbrustfilet ohne Haut. Dafür das Filet in schmale Streifen schneiden und kurz scharf anbraten, sodass es innen noch rosa ist.*

# HÄHNCHENRAGOUT
## MIT FRÜHLINGSZWIEBELN

### ZUBEREITUNG

**01.**  Den Reis unter fließendem Wasser in einem Sieb gründlich waschen und mit der doppelten Menge Wasser aufkochen. Etwas salzen und bei kleiner Hitze zugedeckt quellen lassen.

**02.**  Die Frühlingszwiebeln putzen, waschen und in feine Ringe schneiden. Die Möhren schälen, der Länge nach halbieren und in größere Stücke schneiden.

**03.**  Das Hähnchenfleisch waschen, trocken tupfen und quer in dünne Scheiben schneiden. Salzen, pfeffern und mit Speisestärke bestäuben. Die Sojabohnensprossen in einem Sieb heiß abbrausen und abtropfen lassen.

**04.**  Den Wok erhitzen und das Öl hineingeben. Das Fleisch darin unter Rühren anbraten, herausnehmen und warm stellen. Frühlingszwiebeln, Möhren und Sojabohnensprossen in den Wok geben und 5 Minuten dünsten, dabei gelegentlich umrühren. Mit Ingwer, Reiswein und Sojasauce würzen. Aufkochen lassen, mit Salz und etwas Pfeffer abschmecken.

**05.**  Das Gemüse auf Tellern anrichten, das Fleisch darüber verteilen und mit dem Basmatireis servieren.

------

TIPP — *Ingwer besitzt ein typisches, leicht scharfes Aroma. Seine ätherischen Öle regen die Verdauung an und stärken das Immunsystem. Frischer Ingwer schmeckt und wirkt intensiver als das Pulver.*

### ZUTATEN
### FÜR 4 PERSONEN

+ **250 g Basmatireis • Salz**
+ **6 Frühlingszwiebeln**
+ **6 kleine Möhren**
+ **500 g Hähnchenbrustfilet**
+ **Pfeffer aus der Mühle**
+ **4 TL Speisestärke**
+ **200 g Sojabohnensprossen**
+ **4 EL Öl**
+ **1 TL Ingwerpulver**
+ **4 EL Reiswein**
+ **4 EL Sojasauce**

# HÄHNCHENFLEISCH
## MIT MORCHELN

### ZUTATEN FÜR 4 PERSONEN

+ 12 getrocknete Morcheln
+ 1 Knoblauchzehe
+ 1 grüne Chilischote
+ 600 g Hähnchenbrustfilet
+ 1 EL Speisestärke
+ 4 EL Sojasauce • 8 EL Reiswein
+ 1 EL frisch geriebener Ingwer
+ 125 g Lauch
+ 400 g Möhren
+ 300 g Blumenkohl
+ 200 g Sojabohnensprossen
+ 6 EL Sojaöl
+ Salz • Pfeffer aus der Mühle
+ 1 EL gehackte Korianderblätter

## ZUBEREITUNG

**01.** Die Morcheln in warmem Wasser 30 Minuten einweichen. Den Knoblauch schälen, die Chilischote längs halbieren, entkernen und waschen. Beides fein hacken.

**02.** Die Hähnchenbrustfilets waschen, trocken tupfen und in Streifen schneiden. Speisestärke, Sojasauce und Reiswein verquirlen, Ingwer, Chili und Knoblauch dazugeben und das Fleisch darin 30 Minuten marinieren. Das Gemüse putzen und waschen. Den Lauch in Ringe, die Möhren in Scheiben schneiden, den Blumenkohl in kleine Röschen teilen. Die Sojabohnensprossen in einem Sieb heiß abbrausen und abtropfen lassen.

**03.** Den Wok erhitzen und 1 EL Öl hineingeben. Das Hähnchenfleisch aus der Marinade nehmen und abtropfen lassen. Portionsweise im Wok kräftig anbraten und herausnehmen.

**04.** Das restliche Öl im Wok erhitzen, Lauch, Möhren und Blumenkohl darin nach und nach bissfest garen. Morcheln, Sprossen und Fleisch dazugeben. Die Marinade, Salz und Pfeffer dazugeben, kurz köcheln lassen und die Korianderblätter untermischen.

# GEMÜSEHÄHNCHEN
## MIT GLASNUDELN

### ZUTATEN FÜR 4 PERSONEN

+ 4 Hähnchenbrustfilets (à 150 g)
+ 2 EL Sojasauce
+ je 1 rote, gelbe und grüne Paprika-schote • 100 g Shiitake-Pilze
+ 100 g Zuckerschoten
+ 200 g Chinakohl
+ 150 g Sojabohnensprossen
+ 5 EL Sesamöl • Salz
+ 1 EL Speisestärke
+ ½ EL rote Currypaste
+ 1 EL frisch geriebener Ingwer
+ 1 EL gehackte Korianderblätter
+ 150 g gegarte Glasnudeln
+ 80 ml Hühnerbrühe

### ZUBEREITUNG

**01.** Die Hähnchenbrustfilets waschen, trocken tupfen und in schmale Streifen schneiden. Mit der Sojasauce mischen und 30 Minuten marinieren lassen. Den Backofen auf 220°C vorheizen.

**02.** Die Paprikaschoten längs halbieren, Kerne und Trennwände entfernen. Die Hälften waschen und mit der Hautseite nach oben im Ofen so lange rösten, bis die Haut bräunt und Blasen wirft. Unter einem Küchentuch abkühlen lassen, die Haut abziehen und die Schoten in schmale Streifen schneiden.

**03.** Die Shiitake-Pilze putzen, trocken abreiben und in Scheiben schneiden. Zuckerschoten und Chinakohl putzen und waschen, den Chinakohl in Streifen schneiden. Sprossen in einem Sieb heiß abbrausen und abtropfen lassen.

**04.** Im Wok 3 EL Öl erhitzen und das Gemüse darin scharf anbraten. Salzen, herausnehmen und warm stellen. Die Hähnchenbruststreifen mit Speisestärke bestäuben und im restlichen Öl scharf anbraten. Currypaste, Ingwer und Koriander untermischen. Glasnudeln und Gemüse dazugeben, die Brühe dazugießen. Alles noch 2 Minuten köcheln lassen.

# BACKHÄHNCHEN
## MIT SESAM UND GEMÜSE

### ZUBEREITUNG

**01.** Für den Ausbackteig das Eiweiß steif schlagen. Mehl, Stärke, Backpulver, Salz und Pfeffer mischen und abwechselnd mit 200 ml Wasser unter den Eischnee heben. Zum Schluss 6 EL Öl hinzufügen. Den Teig etwa 30 Minuten ruhen lassen.

**02.** Den Ingwer mit je 2 EL Sojasauce und Reiswein vermischen. Das Hähnchenbrustfilet waschen, trocken tupfen und in Stücke schneiden. Das Fleisch mit der Marinade beträufeln, abdecken und beiseitestellen.

**03.** Die Möhren schälen und in Streifen schneiden. Die Frühlingszwiebeln putzen, waschen und schräg in Scheiben schneiden. Die Sojabohnensprossen in einem Sieb heiß abbrausen und abtropfen lassen.

**04.** Den Wok erhitzen und 2 EL Öl hineingeben. Die Möhren und Frühlingszwiebeln darin anbraten. Restliche Sojasauce, restlichen Reiswein und 3 EL Wasser dazugeben und 5 Minuten köcheln lassen. Die Sprossen unterheben, kurz erhitzen und abschmecken. Das Gemüse warm stellen.

**05.** Den Wok säubern und das Öl darin erhitzen. Sesamsamen unter den Ausbackteig heben. Das Hähnchenfleisch portionsweise durch den Teig ziehen und im heißen Fett jeweils etwa 3 Minuten ausbacken. Auf Küchenpapier abtropfen lassen und mit dem Gemüse anrichten.

### ZUTATEN FÜR 4 PERSONEN

+ 1 Eiweiß
+ 150 g Mehl
+ 3 EL Speisestärke
+ 2 TL Backpulver
+ Salz • Pfeffer aus der Mühle
+ 8 EL Öl
+ 1 EL frisch geriebener Ingwer
+ 7 EL Sojasauce
+ 5 EL Reiswein
+ 500 g Hähnchenbrustfilet
+ 300 g Möhren
+ 2 Bund Frühlingszwiebeln
+ 250 g Sojabohnensprossen
+ Öl zum Frittieren
+ 2 EL weiße Sesamsamen

—————

**TIPP —** *Dieser Ausbackteig eignet sich auch für andere helle Fleischsorten wie Pute oder Kalb. Ebenso können Sie Fischstücke oder blanchiertes Gemüse auf diese Art köstlich umhüllt ausbacken.*

# HÄHNCHENRAGOUT
## AUF INDISCHE ART

### ZUTATEN FÜR 4 PERSONEN

+ 4 kleine Hähnchenbrustfilets
+ abgeriebene Schale von ½ unbehandelten Zitrone • 1 EL Zitronensaft
+ 1 TL Sambal Oelek • 1 TL Zucker
+ Salz • Pfeffer aus der Mühle
+ ½ TL Korianderpulver
+ 3 Frühlingszwiebeln
+ 300 g grüne Bohnen
+ 2 Knoblauchzehen
+ 4 EL Sesamöl
+ 1 TL frisch geriebener Ingwer
+ 1 TL Kurkumapulver
+ 1 EL Currypulver
+ 375 ml ungesüßte Kokosmilch

### ZUBEREITUNG

**01.** Die Hähnchenbrustfilets waschen, trocken tupfen und in schmale Streifen schneiden. Zitronenschale und -saft, Sambal Oelek, Zucker, Salz, Pfeffer und Koriander verrühren. Das Fleisch darin etwa 20 Minuten marinieren.

**02.** Frühlingszwiebeln putzen und waschen, das Weiße längs vierteln und alles in 3 cm lange Stücke schneiden. Bohnen putzen, waschen, halbieren und in Salzwasser 10 Minuten garen. In ein Sieb abgießen, kalt abschrecken und abtropfen lassen.

**03.** Das Fleisch aus der Marinade nehmen. Den Knoblauch schälen und fein hacken. Den Wok erhitzen, das Öl hineingeben und das Fleisch darin anbraten. Zwiebeln und Knoblauch dazugeben und kurz mitbraten. Ingwer, Kurkuma, Currypulver, die restliche Marinade und die Kokosmilch dazugeben und alles 5 Minuten köcheln lassen.

**04.** Die Bohnen in den Wok geben und das Ragout nochmals abschmecken. Nach Belieben mit Korianderblättern garniert servieren.

# PUTENRAGOUT
## MIT KOKOSMILCH

### ZUTATEN FÜR 4 PERSONEN

+ 600 g Putenbrustfilet
+ 1 rote Paprikaschote
+ 250 g Frühlingszwiebeln
+ 1 großes Bund Basilikum
+ 400 ml ungesüßte Kokosmilch
+ 1 EL gelbe Currypaste
+ 2 EL Sojasauce
+ 1 EL Zucker

### ZUBEREITUNG

**01.** Das Putenbrustfilet waschen und trocken tupfen. Mit einem scharfen Küchenmesser zuerst in dünne Scheiben und dann in feine Streifen schneiden.

**02.** Die Paprikaschote putzen, waschen und in feine Streifen schneiden. Die Frühlingszwiebeln putzen, waschen und in etwa 1 cm breite Ringe schneiden. Basilikum waschen und trocken schütteln, die Blätter von den Stielen zupfen. Die Hälfte der Blätter fein hacken, die andere zum Garnieren beiseitelegen.

**03.** Den Wok erhitzen und die Kokosmilch darin aufkochen. Die Currypaste unter-

rühren und alles 1 Minute köcheln lassen. Die Putenbruststreifen dazugeben und weitere 4 Minuten köcheln lassen, dabei ab und zu umrühren.

**04.** Das vorbereitete Gemüse dazugeben und alles weitere 3 Minuten köcheln lassen. Gehacktes Basilikum, Sojasauce und Zucker unterrühren, abschmecken. Das Putenragout mit den restlichen Basilikumblättern anrichten.

# ENTENBRUST
## MIT KORIANDERNUDELN

### ZUBEREITUNG

**01.**  Die Eiernudeln nach Packungsanweisung in reichlich kochendem Salzwasser bissfest garen. In ein Sieb abgießen, kalt abschrecken und gut abtropfen lassen.

**02.**  Entenbrustfilet in dünne Scheiben schneiden. Den Honig mit der Sojasauce und Sambal Oelek vermischen. Das Fleisch in der Marinade 30 Minuten ziehen lassen.

**03.**  Die Paprikaschote putzen, waschen und in feine Streifen schneiden. Die Frühlingszwiebeln putzen und waschen. Das Grün in Ringe, das Weiße in feine Streifen schneiden.

**04.**  Das Fleisch aus der Marinade nehmen und abtropfen lassen, dabei die Marinade auffangen. Den Wok erhitzen und 1 EL Öl hineingeben. Die Entenbrust darin kräftig anbraten und herausnehmen. Paprika und Frühlingszwiebeln im restlichen Öl bissfest braten. Mit Salz und Zitronensaft würzen, Brühe und Marinade dazugießen. Entenbrust und Nudeln dazugeben, aufkochen lassen und mit Koriander bestreut servieren.

---

**TIPP —** *Statt Entenbrustfilet können Sie auch zartes Puten- oder Hähnchenbrustfilet verwenden. Verfeinern Sie die Marinade für das Fleisch dann zusätzlich mit 2 EL Limettensaft und 1 TL Honig.*

### ZUTATEN
### FÜR 4 PERSONEN

+ **250 g chinesische Eiernudeln**
+ **Salz**
+ **600 g Entenbrustfilet**
+ **1 EL flüssiger Honig**
+ **4 EL Sojasauce**
+ **½ TL Sambal Oelek**
+ **1 rote Paprikaschote**
+ **1 Bund Frühlingszwiebeln**
+ **3 EL Öl**
+ **2 EL Zitronensaft**
+ **¼ l Hühnerbrühe**
+ **2 EL Korianderblätter**

# REISPFANNE
## MIT ENTENBRUST

### ZUTATEN FÜR 4 PERSONEN

+ 2 Entenbrustfilets (à 200 g)
+ Salz • Pfeffer aus der Mühle
+ 2 EL Öl
+ 1 Stange Lauch • 2 Möhren
+ ½ Ananas
+ 1 rote Chilischote
+ 1 EL frisch geriebener Ingwer
+ 400 g gekochter Langkornreis
+ 2 EL Sojasauce
+ 2 cl Sherry (trocken)
+ 5 EL Hühnerbrühe

### ZUBEREITUNG

**01.** Den Backofen auf 180°C vorheizen. Entenbrustfilets salzen und pfeffern. Den Wok erhitzen, das Öl hineingeben und die Filets darin auf der Hautseite 3 bis 4 Minuten scharf anbraten, wenden und weitere 4 bis 5 Minuten braten. Entenbrust aus dem Wok nehmen und mit der Hautseite nach oben im Backofen etwa 10 Minuten fertig garen.

**02.** Den Lauch putzen, waschen und in feine Ringe schneiden. Die Möhren und die Ananas schälen. Die Möhren in feine Streifen, die Ananas in kleine Stücke schneiden. Die Chilischote längs halbieren, entkernen, waschen und in Streifen schneiden.

**03.** Den Lauch, die Möhren und die Ananas im Bratfett andünsten. Chili, Ingwer und den Reis untermischen. Mit Sojasauce, Sherry und Brühe abschmecken. Die rosa gebratenen Entenbrustfilets in dünne Scheiben schneiden und unter den Reis mischen.

# ENTENBRUSTSTREIFEN
## AUF GRÜNEN NUDELN

**ZUTATEN FÜR 4 PERSONEN**

+ 250 g grüne japanische Nudeln
+ 1 EL flüssiger Honig
+ 4 EL Sojasauce
+ ½ TL Sambal Oelek
+ 2 Entenbrustfilets (ca. 600 g)
+ 3 EL Öl • Salz
+ 2 EL Zitronensaft
+ 4 EL Hühnerbrühe
+ 1 Frühlingszwiebel

## ZUBEREITUNG

**01.** Die Nudeln nach Packungsanweisung garen, in ein Sieb abgießen, kalt abschrecken und abtropfen lassen.

**02.** Honig, Sojasauce und Sambal Oelek in einer Schüssel zu einer Marinade verrühren. Die Entenbrustfilets in Streifen schneiden, in die Schüssel mit der Marinade geben und zugedeckt 30 Minuten ziehen lassen. Anschließend das Fleisch aus der Marinade nehmen und abtropfen lassen. Die Marinade zur Seite stellen.

**03.** Den Wok erhitzen, das Öl hineingeben und die Entenbrust darin kurz anbraten. Mit Salz und Zitronensaft würzen, herausnehmen und warm halten. Die Brühe und die restliche Marinade angießen, die Nudeln dazugeben und erhitzen.

**04.** Die Frühlingszwiebel putzen, waschen und in Ringe schneiden. Die Nudeln zu Nestern formen und die Entenbrust darauf anrichten. Mit Frühlingszwiebelringen bestreuen und nach Belieben mit frischen Kräutern garnieren.

# SCHWEINEFLEISCH
## SÜSS-SAUER

### ZUBEREITUNG

**01.** Das Schweinefleisch mit einem scharfen Küchen-messer quer zur Faser zuerst in Scheiben und dann in Streifen schneiden. Den Ingwer schälen und in sehr feine Scheiben schneiden. Den Knoblauch schälen und fein hacken. Die Chilischoten längs halbieren, entkernen, waschen und in sehr feine Streifen schneiden.

**02.** Die Tomaten überbrühen, häuten, halbieren, entkernen und in Würfel schneiden. Die Ananas schälen, den Strunk entfernen und das Fruchtfleisch in Stücke schneiden.

**03.** Den Wok erhitzen, Sesam- und Sonnenblumenöl hineingeben und das Fleisch darin anbraten. Ingwer, Knob-lauch und Chili dazugeben und kurz mitbraten. Tomaten und Ananas hinzufügen und kurz mitbraten. Essig, Soja-sauce, Sherry und Zucker dazugeben. Mit drei Viertel der Brühe aufgießen und gut vermischen.

**04.** Die Stärke mit der restlichen Brühe anrühren und gleichmäßig über das Fleisch gießen. Gut untermischen und alles etwa 3 Minuten köcheln lassen.

——

TIPP — *Dieses Gericht gehört zu den großen Klassikern der chinesischen Küche. Statt mit Schweinefleisch schmeckt dieses Gericht auch sehr gut mit Hähnchenbrustfilet oder Putenfleisch.*

### ZUTATEN
### FÜR 4 PERSONEN

+ **750 g Schweinefilet**
+ **50 g Ingwer**
+ **4 Knoblauchzehen**
+ **3 rote Chilischoten**
+ **250 g Tomaten**
+ **500 g Ananas**
+ **2 EL Sesamöl**
+ **2 EL Sonnenblumenöl**
+ **4 EL Reisessig**
+ **4 EL helle Sojasauce**
+ **4 TL Sherry**
+ **2 EL Zucker**
+ **¼ l Hühnerbrühe**
+ **2 gestr. TL Speisestärke**

# SCHWEINEFILET
## MIT LIMETTENMARINADE

### ZUBEREITUNG

**01.** Die Paprikaschote putzen, waschen und in kleine Würfel schneiden. Den Knoblauch schälen und fein hacken. Beides mit Sojasauce, Limettensaft, Fischsauce, Pfeffer, Brühe und Speisestärke verrühren. Das Fleisch in der Marinade 30 Minuten ziehen lassen.

**02.** Den Backofen auf 180°C vorheizen. Das Fleisch aus der Marinade nehmen und abtropfen lassen. Den Wok erhitzen, das Öl hineingeben und das Fleisch darin anbraten. Im Backofen in etwa 15 Minuten fertig garen, in den letzten 5 Minuten die Limettenmarinade dazugießen.

**03.** Die Udon-Nudeln nach Packungsanweisung in reichlich kochendem Salzwasser bissfest garen. In ein Sieb abgießen und abtropfen lassen. Die Frühlingszwiebeln putzen, waschen und das Grün in schräge Ringe schneiden.

**04.** Zum Servieren die Nudeln mit der Sauce mischen und das Fleisch in Scheiben schneiden. In Schälchen anrichten und mit dem Frühlingszwiebelgrün garnieren.

---

**TIPP —** *Udon-Nudeln sind aus Weizenmehl hergestellte Nudeln und eine beliebte Zutat der japanischen Küche. Ersatzweise können Sie auch chinesische Eiernudeln verwenden.*

### ZUTATEN FÜR 4 PERSONEN

+ **1 rote Paprikaschote**
+ **4 Knoblauchzehen**
+ **6 EL Sojasauce**
+ **4 TL Limettensaft**
+ **8 EL Fischsauce**
+ **1 TL gemahlener weißer Pfeffer**
+ **150 ml Fleischbrühe**
+ **1 TL Speisestärke**
+ **500 g Schweinefilet**
+ **2 EL Öl**
+ **200 g Udon-Nudeln**
+ **Salz**
+ **½ Bund Frühlingszwiebeln**

# SCHWEINEFILET
## MIT WIRSING UND PILZEN

### ZUTATEN FÜR 4 PERSONEN

+ **500 g Wirsing**
+ **200 g Shiitake-Pilze**
+ **1 kleine Zwiebel**
+ **2 Knoblauchzehen**
+ **500 g Schweinefilet**
+ **Salz • Pfeffer aus der Mühle**
+ **3 EL Öl**
+ **1 TL frisch geriebener Ingwer**
+ **1 EL Currypulver**
+ **100 ml Fleischbrühe**
+ **3 EL Sojasauce**
+ **1 EL gehackte Petersilienblätter**

### ZUBEREITUNG

**01.** Den Wirsing halbieren, äußere Blätter und den Strunk entfernen. Die Hälften in feine Streifen schneiden, waschen und abtropfen lassen. Die Shiitake-Pilze putzen, trocken abreiben und in Scheiben schneiden. Die Zwiebel und den Knoblauch schälen, beides fein hacken.

**02.** Das Fleisch mit einem scharfen Küchenmesser quer zur Faser zuerst in Scheiben und dann in Streifen schneiden. Mit Salz und Pfeffer würzen.

**03.** Den Wok erhitzen und das Öl hineingeben. Das Fleisch darin bei starker Hitze anbraten. Herausnehmen und warm halten.

**04.** Die Hitze reduzieren und Wirsing, Zwiebel, Knoblauch und Pilze nach und nach unter Rühren anbraten. Mit Ingwer, Currypulver und Pfeffer würzen und mit Brühe und Sojasauce aufgießen. Kurz aufkochen lassen. Zum Schluss das Fleisch und die Petersilie untermischen.

# RINDERPFANNE
## MIT SHERRYGEMÜSE

### ZUTATEN FÜR 4 PERSONEN

+ **400 g Möhren**
+ **200 g Lauch**
+ **100 g Staudensellerie**
+ **1 rote Paprikaschote**
+ **200 g Rinderlende**
+ **3 EL Öl**
+ **8 EL Sherry (trocken)**
+ **100 g Erbsen (tiefgekühlt)**
+ **2 EL Sojasauce**
+ **Salz • Pfeffer aus der Mühle**
+ **1 EL Currypulver**
+ **1 TL Hoisinsauce**
+ **2 EL Petersilienblätter**

### ZUBEREITUNG

**01.** Das Gemüse schälen bzw. putzen und waschen. Möhren, Lauch und Selleriestangen in feine Scheiben, die Paprikaschote in feine Streifen schneiden.

**02.** Die Rinderlende mit einem scharfen Küchenmesser quer zur Faser in etwa 1 cm breite Streifen schneiden.

**03.** Den Wok erhitzen und das Öl hineingeben. Die Fleischstreifen darin bei starker Hitze etwa 5 Minuten anbraten. Das Fleisch herausnehmen und warm stellen.

**04.** Die Hitze reduzieren, nach und nach das vorbereitete Gemüse unter Rühren im Wok anbraten. Den Sherry dazugeben, die Erbsen darunter mischen und alles mit Sojasauce, Salz, Pfeffer, Currypulver und Hoisinsauce würzen.

**05.** Das Gemüse noch etwa 2 Minuten garen, dann mit Salz und Pfeffer kräftig abschmecken. Zum Schluss die Rindfleischstreifen und die Petersilie untermischen. Die Rinderpfanne nach Belieben mit Basmatireis servieren.

# SCHWEINEFLEISCHCURRY
## MIT ERDNÜSSEN UND GEMÜSE

### ZUBEREITUNG

**01.** Das Schweinefleisch in Streifen schneiden und in eine Schüssel geben. Das 5-Gewürze-Pulver mit 3 bis 4 EL Sojasauce verrühren. Über das Fleisch gießen, gut vermischen und zugedeckt 30 Minuten kühl stellen.

**02.** Inzwischen die Erdnüsse grob hacken. Die Möhren putzen, schälen und in Stifte schneiden. Den Lauch putzen, waschen und in Ringe schneiden. Die Paprikaschoten längs halbieren, entkernen, waschen und in Streifen schneiden.

**03.** Den Wok erhitzen und 2 EL Öl hineingeben. Das Fleisch darin portionsweise 1 bis 2 Minuten scharf anbraten, herausnehmen und beiseitestellen. Das restliche Öl in den Wok geben, Möhren, Lauch und Paprika darin unter Rühren 3 bis 4 Minuten braten. Mit Currypulver, Chili und Sojasauce würzen.

**04.** Das Fleisch wieder dazugeben und unter Rühren in 2 bis 3 Minuten fertig braten. Bei Bedarf noch etwas Wasser angießen. Die Erdnüsse hinzufügen, mit Sojasauce und Chilipulver abschmecken und das Schweinefleischcurry auf Schälchen verteilt servieren.

---

**TIPP —** *Erdnussöl eignet sich gut zum Anbraten, da es besonders hitzestabil ist. Alternativ können Sie ein anderes hoch erhitzbares Öl verwenden — achten Sie einfach auf die Herstellerangaben.*

### ZUTATEN
### FÜR 4 PERSONEN

+ **600 g Schweineschnitzel**
+ **1 TL 5-Gewürze-Pulver**
+ **5—6 EL Sojasauce**
+ **100 g Erdnusskerne**
+ **3 Möhren**
+ **1 Stange Lauch**
+ **je 1 grüne, gelbe und rote Paprikaschote**
+ **3 EL Erdnussöl**
+ **1 TL Currypulver**
+ **Chilipulver**

# RINDFLEISCH
## MIT ORANGENFILETS

## ZUBEREITUNG

**01.** Den Reis gründlich waschen, mit der doppelten Menge Wasser in einem Topf aufkochen, salzen und zugedeckt bei schwacher Hitze etwa 20 Minuten quellen lassen.

**02.** Orange abwaschen und trocken reiben. Von der Schale feine Zesten abziehen, die Frucht filetieren und den dabei austretenden Saft auffangen. Frühlingszwiebeln putzen, waschen und in Ringe schneiden. Das Rindfleisch quer zur Faser in Streifen schneiden, salzen und pfeffern. Den Wok erhitzen und das Öl hineingeben. Das Fleisch darin 3 Minuten anbraten, herausnehmen und warm halten.

**03.** Das Weiße der Frühlingszwiebeln ins Bratfett geben und anbraten. Orangensaft, Sojasauce und Honig dazugeben und siruppartig einkochen lassen. Salzen und pfeffern. Die Orangenfilets und das Fleisch dazugeben, erwärmen und das Frühlingszwiebelgrün unterrühren. Das Rindfleisch auf dem Reis anrichten, mit Orangenzesten bestreuen.

---

TIPP — *Wenn Sie keinen Zestenreißer besitzen, können Sie für die Orangenzesten auch mit einem spitzen Messer ein Stück Orangenschale abschneiden und in feine Streifen schneiden.*

## ZUTATEN
## FÜR 4 PERSONEN

+ **100 g Basmatireis** • **Salz**
+ **1 unbehandelte Orange**
+ **2 Frühlingszwiebeln**
+ **300 g Rindfleisch**
  **(zum Kurzbraten)**
+ **Pfeffer aus der Mühle**
+ **2 EL Sesamöl**
+ **150 ml Orangensaft**
+ **1 EL helle Sojasauce**
+ **1 EL flüssiger Honig**

# THAI-SALAT
## MIT ROASTBEEF

### ZUBEREITUNG

**01.** Das Roastbeef – falls nötig – von Sehnen und Haut befreien. Den Wok erhitzen, das Butterschmalz hineingeben und das Roastbeef darin etwa 20 Minuten anbraten, dabei häufiger wenden. Das Fleisch anschließend in Alufolie gewickelt etwa 5 Minuten ruhen lassen.

**02.** Die Zutaten für den Salat putzen, waschen, abtropfen lassen und in mundgerechte Stücke zerteilen oder klein schneiden.

**03.** Für das Dressing die Chilischoten längs halbieren, entkernen und waschen. Den Knoblauch schälen und beides fein hacken. Chilischoten und Knoblauch mit Zitronensaft, Olivenöl, Sesamöl, Sojasauce, Fischsauce, Zucker und Ingwer verrühren. Das Dressing mit Salz und Pfeffer abschmecken. Die Hälfte des Dressings mit den Salatzutaten gründlich vermischen.

**04.** Das Roastbeef quer zur Faser dünn aufschneiden. Den Salat auf einer großen Platte anrichten, das Roastbeef dazugeben. Mit dem restlichen Dressing beträufeln.

**05.** Die Cashewkerne in einer Pfanne ohne Fett goldgelb rösten, grob hacken und über den Salat streuen.

----

**TIPP —** *Da die Chilischoten sehr scharf sind, die Hände nach dem Schneiden gründlich waschen. Das Dressing kann auch mit Cayennepfeffer scharf gewürzt werden.*

### ZUTATEN FÜR 4 PERSONEN

+ **700 g Roastbeef**
+ **1 EL Butterschmalz**
+ **ca. 300 g gemischter Salat (z.B. Spinat, Sprossen, Paprikaschoten, Thai-Basilikum)**
+ **2 rote Chilischoten**
+ **1 Knoblauchzehe**
+ **6 EL Zitronensaft**
+ **6 EL Olivenöl**
+ **1 TL Sesamöl**
+ **1 TL Sojasauce**
+ **1 TL Fischsauce**
+ **1 TL Zucker**
+ **1 TL frisch geriebener Ingwer**
+ **Salz • Pfeffer aus der Mühle**
+ **100 g Cashewkerne**

# RINDFLEISCH
## MIT FRÜHLINGSZWIEBELN

### ZUBEREITUNG

**01.** Das Fleisch quer zur Faser in mundgerechte Scheiben schneiden. Für die Marinade 2 EL Öl, Sojasauce und Pfeffer verrühren und die Fleischscheiben darin etwa 30 Minuten zugedeckt ziehen lassen.

**02.** Die Frühlingszwiebeln putzen und waschen, das Weiße der Länge nach vierteln und alles in etwa 4 cm lange Stücke schneiden. Den Knoblauch schälen und fein hacken. Den Backofengrill einschalten.

**03.** Das Fleisch aus der Marinade nehmen, abtropfen lassen und auf den eingeölten Rost legen. Unter den heißen Grill schieben und auf jeder Seite grillen.

**04.** Die Reisnudeln nach Packungsanweisung in kochendem Salzwasser garen, in ein Sieb abgießen und gut abtropfen lassen.

**05.** Den Wok erhitzen und das restliche Öl hineingeben. Die Frühlingszwiebeln mit Ingwer und Knoblauch darin kurz anbraten. Austernsauce und Reiswein hinzufügen und etwa 2 Minuten bei mittlerer Hitze garen.

**06.** Die Nudeln auf Schälchen verteilen, das Fleisch mit den Frühlingszwiebeln darübergeben und mit den Erdnüssen bestreuen. Nach Belieben mit Korianderblättern garnieren.

### ZUTATEN FÜR 4 PERSONEN

+ **500 g Rinderfilet**
+ **4 EL Öl • 2 EL Sojasauce**
+ **½ TL gemahlener Pfeffer**
+ **½ Bund Frühlingszwiebeln**
+ **1 Knoblauchzehe**
+ **200 g dünne Reisnudeln**
+ **Salz**
+ **1 TL frisch geriebener Ingwer**
+ **4 EL Austernsauce**
+ **4 EL Reiswein**
+ **2 EL gehackte, ungesalzene Erdnüsse**

──────

TIPP — *Wenn es einmal nicht ganz so schnell gehen soll, lassen Sie das Fleisch ein wenig länger in der Marinade ziehen. Es nimmt dadurch noch mehr Aroma auf und wird gleichzeitig zarter.*

# GRÜNES LAMMCURRY
## MIT KORIANDER

### ZUBEREITUNG

**01.**   Das Fleisch von Fett und Sehnen befreien, waschen, trocken tupfen und in Streifen schneiden. Die Zwiebeln und den Knoblauch schälen, die Zwiebeln in Streifen, den Knoblauch in feine Würfel schneiden.

**02.**   Den Wok erhitzen und das Öl hineingeben. Die Zwiebeln und den Knoblauch im Wok unter Rühren anbraten, die Currypaste hinzufügen und kurz mitdünsten. Mit dem Fond ablöschen, dann die Kokosmilch angießen und das Fleisch dazugeben.

**03.**   Das Lammcurry halb zugedeckt etwa 1 Stunde köcheln lassen. Zwischendurch gelegentlich umrühren und bei Bedarf noch etwas Fond angießen. Das Lammcurry vor dem Servieren mit Salz und Pfeffer abschmecken und den Koriander untermischen. Dazu passt Basmatireis.

———

**TIPP —** *Grüne Currypaste kann je nach Hersteller sehr unterschiedlich im Schärfegrad sein. Achten Sie daher auf die Packungsangabe, und dosieren Sie sehr scharfe Paste eventuell etwas niedriger.*

### ZUTATEN FÜR 4 PERSONEN

+ **1 kg Lammfleisch (aus der Keule)**
+ **2 Zwiebeln**
+ **2 Knoblauchzehen**
+ **2 EL Öl**
+ **2 EL grüne Currypaste**
+ **ca. 200 ml Lammfond**
+ **400 ml Kokosmilch**
+ **Salz • Pfeffer aus der Mühle**
+ **2 EL grob gehackter Koriander**

# REZEPTREGISTER

# IMPRESSUM

© 2016 ZS VERLAG GmbH
Türkenstraße 9
D-80333 München

1. Auflage 2016
ISBN 978-3-89883-539-8

**Projektleitung**: Katharina Wolf, Natalia Fischer
**Lektorat**: ZS-Team
**Grafik Design & Artdirection**: Seidldesign
**Grafik & Satz**: Irene Schulz, Kerstin Duben
**Herstellung**: Peter Karg-Cordes
**Producing**: Jan Russok
**Druck & Bindung**: Neografia, Martin

Die ZS Verlag GmbH ist ein Unternehmen der Edel AG, Hamburg.
www.zs-verlag.com
www.facebook.com/zs-verlag

# BILDNACHWEIS